미래의 부자인 _____ 님을 위해

이 책을 드립니다.

1000만원으로 시작하는
데이트레이딩

1000만 원으로 시작하는
데이트레이딩

초판 1쇄 발행 | 2024년 2월 21일
초판 1쇄 발행 | 2024년 2월 28일

지은이 | 유지윤
펴낸이 | 박영욱
펴낸곳 | 북오션

주　소 | 서울시 마포구 월드컵로 14길 62 북오션빌딩
이메일 | bookocean@naver.com
네이버포스트 | post.naver.com/bookocean
페이스북 | facebook.com/bookocean.book
인스타그램 | instagram.com/bookocean777
유튜브 | 쏠쏠TV·쏠쏠라이프TV
전　화 | 편집문의: 02-325-9172　　영업문의: 02-322-6709
팩　스 | 02-3143-3964

출판신고번호 | 제 2007-000197호

ISBN 978-89-6799-501-0 (03320)

1000만 원으로 시작하는 데이트레이딩

유지윤 지음

북오션

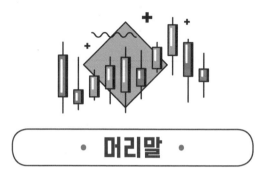

· 머리말 ·

코로나19로 인한 주가 폭락 이후 대세 상승장이 왔습니다. 그리고 꿈에 그리던 코스피 3000포인트 돌파에 성공했습니다. 하지만 기쁨도 잠시 이후에는 폭락장이 시장을 엄습했습니다.

문제는 많은 개인투자자가 상승장에 들어와 고점에 물렸다는 겁니다. 언젠가 주가가 상승하여 원금 회복이 가능한 분도 계시겠지만, 어떤 종목은 다시는 고점에 도달하지 않을 수도 있습니다.

시장은 대세 상승장과 대세 하락장만 있는 것이 아닙니다. 대부분 횡보하는 구간이 많습니다. 개인투자자로서는 지루하고 수익 내기 매우 어려운 장이 대부분이라는 것이죠.

하지만 종목별로 잘 보면 매일 크게 움직이는 종목들이 나와줍니다. 동작 빠른 투자자들은 이미 오래전부터 이를 이용하여 매매해 왔습니다.

삼성전자를 사두고 기다리는 투자자도 있지만 매일 크게 움직이는 종

목들을 따라 들어가 수익을 올리고 나오고 있었던 것이죠. 이들을 시장에서는 데이트레이더라고 부르고, 이들이 하는 매매를 데이트레이딩이라고 부릅니다.

당일 시세 변동을 이용하여 빠르게 치고 빠지는 매매를 하는 것이죠.

삼성전자를 예를 들어보겠습니다. 삼성전자가 1년에 10%가 움직인다면 하루에 10% 움직이는 종목을 찾아 매매하고 나오는 겁니다.

삼성전자를 1년 가만히 가지고 있으니, 하루에 10% 움직이는 종목을 매매해서 수익을 내겠다는 전략이죠. 어떻게 보면 성격 급한 한국인에 적합한 매매법이라 할 수 있겠습니다.

그런데 문제는 과연 데이트레이딩으로 돈을 벌 수 있느냐는 거겠죠.

1년에 움직일 것을 하루에 움직이니 얼마나 빨리 움직이겠어요. 10초 만에 10% 수익이 날 수도 있지만 10초 만에 -10%가 될 수 있는 매매법

입니다. 그래서 아주 위험한 매매법이라 소문이 났습니다. 실제로 준비 없이 덤볐다가 깡통 차고 나온 투자자도 많이 있습니다.

매혹적이지만 그만큼 가시도 많은 매매법입니다.

요즘에는 모든 가시를 피해 갈 만한 노하우와 스킬을 장착한 트레이더들이 등장하기 시작했습니다. 실제로 투자대회 우승자뿐만 아니라 상위권의 투자자들은 데이트레이딩을 통해 4주나 6주 정도의 대회 기간 동안 수백 퍼센트의 수익을 올리기도 합니다. 심지어는 1천 퍼센트 넘는 수익률을 달성하는 트레이더들도 있습니다.

1000만 원으로 한 달에 1000만 원을 버는, 1억으로 한 달에 1억을 버는 트레이더들이 실제로 있습니다.

한 달에 1000만 원을 벌 수 있다면, 한 달에 1억을 벌 수 있다면, 대기업 다니는 어떤 직장인도 부럽지 않을 것입니다.

연봉 1억인 직장인 급여의 월 실수령액이 650만 원 정도 됩니다. 그런데 한 달에 1000만 원을 번다면, 연봉으로 따지면 1억 8000만 원입니다.

연봉 2억의 실수령액이 1100만 원 정도 된다고 하니 한 달에 1000만 원을 번다는 것이 얼마나 큰 돈인지 알 수 있습니다.

이 돈을 주식투자로 벌 수 있다면 이보다 좋은 일이 어디 있겠습니까. 학벌도 필요 없고, 금수저인지, 대기업을 다니고 있는지 아무 상관없이 계급장 떼고 누구에게나 평등하게 기회가 주어집니다.

물론 반대의 경우 투자금이 점점 줄어드는 고통이 따르겠죠.

그래서 매우 매혹적인지만, 함부로 접근할 수 없는 것이 데이트레이딩입니다. 그래서 데이트레이딩은 처음부터 준비 없이 해서는 안 됩니다.

일단 내가 단기매매에 적합한 마인드를 가졌는지 확인해야 합니다. 거기에 자기만의 매매 노하우를 하나씩 쌓아 올려야 하는 것이죠.

여기에는 노력과 시간이 필요합니다. 그래서 투자원금 전부를 가지고 시작하는 것이 아니라 일부를 가지고 시작해야 하는 것이죠. 투자원금이 1억이라면 10% 정도인 1000만 원을 가지고 먼저 배운다는 마음으로 시작해 보자는 것이 이 책의 출발점입니다.

　그럼 어떻게 공부를 시작할 것인가. 데이트레이딩이라는 매매법은 하나지만 트레이더마다 매매기술과 노하우는 다양합니다. 시작점을 어디로 잡을지 매우 어렵다는 것이죠.

　이 책은 처음 데이트레이딩을 시작하는 트레이더들이 차트로 종목을 발굴하는 것부터 시작하도록 하겠습니다. 여기서 시작해서 다양한 노하우를 쌓아가시면 됩니다.

　이 책은 다른 주식 책과는 다르게 차트를 접근할 것입니다.

　보통 주식 책을 보면 이미 만들어진 차트를 놓고 여기가 매수 시점, 여기가 매도 시점이라고 표시하면서 설명하는 경우가 많습니다. 그런데 그런 책은 아무리 봐도 실전에서는 무용지물인 경우가 많습니다. 전체적인 차트 읽는 훈련은 되지만 실전에서 유용하지 않은 공부 방법이죠. 그 이유는 매수 시점이 이미 지나간 자리이기 때문입니다. 이미 지난 차트를 놓고 아무리 설명해도 실전에서는 다른 상황이 펼쳐지기 때문에 큰 도움이 되지 않습니다.

　그래서 이 책은 이미 지나간 차트를 놓고 매수 시점을 배우는 방법이 아니라 상승하기 전 주가가 어떤 자리에 있는지, 어떤 모습을 하면서 상승하는지 캔들 하나하나 놓고 설명하도록 하겠습니다.

　조금 설명이 길어질 수 있지만 실전에서 하나라도 도움이 돼야 공부의 의미가 있겠죠. 이러한 차트 분석 방법은 스윙매매를 기초로 하고 있기 때문에 데이트레이딩뿐만 아니라 스윙매매에도 유용합니다. 데이트레이딩으로 시작해서 타점을 잘 잡았다면 스윙으로 끌고 가는 매매법에도 적합하다는 것이죠. 물론 이 방법이 모든 것을 해결하는 것은 아닙니다. 그러나 기존 방법보다는 조금이라도 실전에 도움이 된다고 생각합니다.

　앞으로 배울 차트 분석 방법이 전부는 아닙니다. 이런 해석 방법을 기본으로 수많은 차트를 분석하고 공부하다 보면 나만의 노하우가 쌓일 것입니다. 부디 열심히 공부해서 성공투자자의 반열에 오르시기를 바랍니다.

　여러분의 성공투자를 기원하면서 시작해보겠습니다.

• contents •

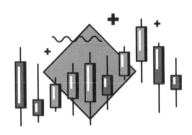

chapter 1   데이트레이딩 이렇게 시작하라

많은 투자자가 데이트레이딩을 위험한 투자 방법이라 알고 있습니다. 당연히 위험합니다. 보통 몇 주나 몇 달에 걸쳐 경쟁할 것을 단 몇 분 만에 승부를 보니 위험하죠. 하지만 장기투자를 한다고 돈을 버는 것이 아니니 어느 것이 좋은 매매인지는 판단할 수 없습니다. 실력만 있다면 오히려 성질 급한 한국 사람에게는 맞는 매매법일 수도 있습니다.

chapter 1

데이트레이딩
이렇게 시작하라

100만 원으로 시작하라

01

"책 제목은 1000만 원인데 100만 원으로 시작하라니?"

이유가 있습니다. 주가 호가창을 보면 주가가 오르락내리락합니다. 장이 안 좋더라도 상한가에 안착하는 종목이 있고, 10% 20% 이상 상승하는 종목은 꼭 나와줍니다.

그러면 이런 생각이 듭니다.

"이걸 내가 잡았으면…."

그런데 막상 해보면 안 돼요. 내가 사면 귀신처럼 하락합니다. 마치 야바위 같습니다. 분명히 저 컵 안에 공이 있는데 뚜껑을 열어보면 없단 말이죠.

막상 하려면 어려운 것이 주식투자이자 데이트레이딩입니다. 매매를 안 하고 상상으로 매매하면 잘됩니다. 그런데 실전에 돌입하면 어김없이 손실로 이어지는 것이 주식입니다.

그리고 일단 100만 원으로 시작할 이유가 있어요. 우리 투자금액이 1억이 아니기 때문입니다. 그래서 1000만 원을 가지고 시작하는 겁니다. 투자금액이 많지 않아요. 원금이 소중합니다. 1억이면 1000만 원을 잃어도 9000만 원이 남습니다. 그런데 1000만 원에서 100만 원을 잃으면 900만 원이 남습니다. 9000만 원이 남는 것과 900만 원이 남는 것은 심리적으로 차이가 큽니다.

그리고 여러분은 데이트레이딩 고수가 아닙니다. 초보들이죠. 고수면 이 책을 읽을 리가 없죠. 이미 실전에서 돈을 벌고 있을 테니까요.

대부분 초보 투자자가 이 책을 읽고 있을 것입니다. 그런데 책 한 권 읽고 고수가 될 수 있을까요? 아니죠. 그건 영어책 한 권 읽고 영어를 마스터했다고 하는 사람과 같습니다. 그냥 책 한 권 읽었다는 것은 입문했다는 정도의 수준입니다.

그런데 실전 고수가 된 것처럼 내 투자금액 전부를 가지고 바로 투자를 시작합니다. 손실 안 나는 것이 이상한 것이죠.

그래서 일단 투자금액의 10%만 시작해보고 돈을 벌면 그때 투자금액을 조금씩 늘려가라는 차원에서 말씀드린 겁니다.

주식투자 경험이 있다고 하더라도 데이트레이딩으로 성공 확률을 높이기 위해서는 이 매매법이 어떤 것인지 실전에서 느낄 필요가 있습니다.

일단 100만 원. 정 자신이 없으면 10만 원으로 데이트레이딩의 원리부터 알아가야 합니다. 100만 원이면 수업료로 괜찮습니다. 요즘 고등학생한 달 학원비가 100만 원이 넘는다고 하니 내가 평생을 써먹을 투자 방법을 배우는데 이 정도는 쓸 수 있어야겠죠. 물론 수업료 없이 배우면 최고겠죠.

많은 투자자가 아무 준비도 없이 수천만 원에서 수억까지, 가지고 있는현금 전부를 주식투자에 올인합니다.

수십 년을 실전에서 뛴 전문가도 조심하는데 초보자가 전 재산을 투자에 올인하는 경우가 허다합니다.

투자금액이 큰 투자자는 적은 금액은 의미가 없다고 말하기도 합니다.

물론 100만 원이면 고가주 같은 경우 1주밖에 못 사기도 합니다. 그러나 가격이 중요한 것이 아닙니다. 1주를 사더라도 내가 실전에서 돈을 벌수 있느냐가 중요한 것이죠.

많은 투자자가 데이트레이딩을 위험한 투자 방법이라 알고 있습니다.당연히 위험합니다. 보통 몇 주나 몇 달에 걸쳐 경쟁할 것을 단 몇 분 만에 승부를 보니 위험하죠. 하지만 장기투자를 한다고 돈을 버는 것이 아니니 어느 것이 좋은 매매인지는 판단할 수 없습니다.

실력만 있다면 몇 주에 걸쳐 확인할 수 있는 결과를 한 몇 분 만에 확인할 수 있으니 오히려 성질 급한 한국 사람에게는 맞는 매매법일 수도 있습니다.

적은 돈으로 시작해서 실력과 경험을 쌓아가십시오. 그리고 경험이 쌓이고 자신감이 붙으면 그때부터 투자금을 조금씩 늘려가십시오. 시작은 이렇게 해야 합니다. 실력이 없는데 투자금을 늘려봐야 아무 소용이 없습니다.

데이트레이딩 냉정한 승부의 세계입니다. 주식 경험이 있다고 해도 처음부터 시작한다는 마음으로 도전해야 합니다.

데이트레이딩에 적합한 투자금액은?

02

만약 투자금액이 억 단위라면 데이트레이딩은 하지 말라고 권하고 싶습니다. 데이트레이딩은 적은 금액으로 하는 것이지, 투자금액이 억이 넘어가는 투자자에게 적합한 매매가 아닙니다.

데이트레이딩뿐만 아니라 주식투자 자체를 무작정 해서는 안 됩니다. 내가 주식투자를 할 돈이 얼마인지, 투자 성향은 어떠한지 꼼꼼히 점검하고 시작해야 합니다.

투자금액이 많으면 거래량이 적은 종목을 매매할 수 없습니다. 본인이 매수했다가는 호가를 움직이는 세력이 될 수 있습니다.

반대로 투자금액이 적다면 움직임이 적은 삼성전자 같은 종목을 매수해서는 답이 안 나오죠. 또 주가가 비싼 종목은 매수하기 부담스러울 것입니다.

물론 원금과 상관없이 좋은 주식을 매매하는 것이 정석이지만 실전에서는 빠르게 돈을 벌고 싶은 것이 사람 심리이기 때문에 마음대로 되지 않습니다. 소위 잡주라는 종목도 건드리게 되는 것이죠.

그래서 내가 투자원금이 얼마인지, 어떤 투자 방법으로 어떤 종목을 매매할 것인지 기준을 정해놓고 실전에 뛰어드는 것이 좋습니다.

또 여유자금인지, 생계를 위해 당장 벌어야 하는지도 중요합니다. 잃으면 안 되는 중요한 돈이라면 공격적인 데이트레이딩보다 중장기투자가 유리합니다.

많은 투자자가 당장 돈을 벌고 싶은 마음에 억 단위 투자금을 가지고 데이트레이딩에 나섰다가 큰 손실로 이어지는 경우가 허다합니다.

특히 데이트레이딩은 어려운 매매법입니다. 고수들도 어려워하는 매매법이죠. 그런데 아무 준비도 없이 당장 눈앞의 호가 움직임만 보다가는 손실로 이어집니다.

본인의 투자 성향이 데이트레이딩과 맞지 않음에도 불구하고 빠르게 수익을 내고 싶어 단기투자를 하는 투자자가 많이 있는데, 이는 주식투자 실패로 바로 이어집니다.

난다긴다하는 고수들도 한번 삐끗하면 나락으로 떨어지는 곳이 바로 주식시장입니다. 그런데 초보가 고수들도 어려워하는 투자법을 실전에서 마구 구사한다는 것은 말이 안 되는 것이죠.

　타짜들이 득실거리는 판에서 돈을 벌려면 본인도 타짜 정도의 실력을 갖추고 있어야 합니다.

　일단 여유 금액이 있다고 하더라도 1000만 원을 넘기지 말고 시작하시기 바랍니다. 1000만 원에서 시작하고, 벌어서 시드머니를 늘려가십시오

1000만 원으로 1억을 만들려면

03

주식투자로 큰돈을 벌고 싶은 것은 모든 투자자의 꿈일 것입니다. 특히 투자금액이 적은 투자자일수록 빠르게 돈을 벌고 싶은 욕구가 강할 것입니다.

1억으로 1억을 벌면 2억이 됩니다. 수익률로 따지면 100%입니다. 실전에서 100%의 수익은 운과 노력이 따른다면 충분히 실현 가능한 수익률입니다.

1억 정도면 큰 수익이니 투자자 입장에서도 만족할 만한 금액일 것입니다.

그런데 투자금액이 1000만 원입니다. 1억으로 1억을 벌면 100%의 수익이지만 1000만 원으로 1억을 벌려면 900%의 수익을 올려야 합니다.

고수들도 쉽지 않은 엄청난 수익률입니다. 실전에서 이게 가능할까요?

몹시 어렵지만 가능합니다. 실제로 대세 상승기에는 1000% 이상 상승하는 종목들이 나와주거든요. 소위 작전주가 아니더라도 이런 상승이 나와줍니다.

불가능한 게 아닙니다. 실전에서 입증이 됐죠. 일단 나도 할 수 있다는 가능성을 열어두고 시작하면 됩니다.

하지만 데이트레이딩은 단기투자인데 이게 가능할까요? 이것도 가능합니다. 키움증권 실전투자대회를 봅시다. 단기간에 엄청난 수익을 올리는 고수들이 널려 있습니다. 이것도 가능하다는 것이죠.

1000만 원으로 몇십억의 수익을 올린 데이트레이더들이 있어요. 실력만 좋다면 중장기 투자보다 훨씬 빠르게 수익을 올릴 수 있습니다. 1000만 원으로 1억 만들기가 꿈이 아니라는 것이죠.

단, 실력과 운, 때 이런 것들이 다 맞아야겠죠. 운이 없더라도 실력만 있다면 수익이 가능합니다.

여기서 중요한 것은 단기간에 큰 수익을 올리는 것보다 꾸준히 버는 것입니다. 왜냐하면 투자대회에서 상위권 입상자도 다음 대회에선 꼬꾸라지는 경우가 허다하기 때문이죠. 그래서 운이 아닌 탄탄한 실력이 중요한 것입니다.

주식시장은 여러분이 죽고 난 다음에도 열립니다. 실력만 있다면 언제

든지 돈을 벌 수 있는 곳이 바로 주식시장입니다.

1000만 원으로 1억 만들기가 어느 정도의 시간이 필요한지, 어떤 매매 방법이 좋은 것인지는 그것은 개인마다 다를 것입니다. 어쩌면 도달하지 못할 수도 있고, 실력이 없다면 수익은커녕 낙오될 것입니다.

그렇다고 도전도 안 해보고 안 된다고 하는 것처럼 어리석은 일은 없겠죠. 해보고 결정해도 늦지 않습니다. 하다 보면 나만의 매매 방법을 만들 수 있습니다.

나만의 노하우가 필요하다

주식투자에서 성공하려면 나만의 노하우가 있어야 합니다. 나만의 투자 방법이 있어야 한다는 것이죠.

이 책을 보시는 분들은 아마 이 책을 통해 주식을 배우려고 하시겠지요. 그렇다고 이 책이 여러분의 성공을 보장하지는 않습니다. 다른 유명 전문가에게 수백만 원의 수업료를 주고 배운다 해도 마찬가지입니다.

영어책 한 권 보고 원어민처럼 이야기하고 영어 수업을 들었다고 바로 통역을 할 수 있나요? 불가능하죠.

책 한 권 보고 실전에서 큰돈을 벌려고 하는 것부터가 말이 안 되는 것이죠. 이 책을 읽는 것은 나만의 노하우를 만드는 과정입니다. 책을 통해 배운 것을 실전에서 적용해보고 교정하면서 나만의 노하우를 만들어가야 합니다.

그 과정에서 책의 부족한 내용을 채울 수 있고, 책보다 좋은 나만의 매매 방법을 찾을 수 있는 것입니다.

데이트레이딩을 이제 시작한다면, 나만의 노하우 찾는 시행착오를 반드시 겪으시기를 바랍니다. 그 과정이 있어야 실전에서 깡통을 면할 수 있습니다. 우리의 투자금은 소중합니다. 투자원금을 지키고 거기에 수익을 쌓는 투자자가 되시기 바랍니다.

05 주식 전문가가 수익을 보장하지 않는다

주식시장에는 소위 전문가라는 사람들이 널려 있습니다.

주식전문가라고 해서 무슨 자격증이 있는 것은 아닙니다. 증권사에서 일하면서 기업 리포트를 작성하는 애널리스트도 전문가이고, 고객들의 투자금을 운영하는 펀드매니저도 전문가입니다. 보통 이들을 제도권 전문가라고 합니다.

주식은 제도권 외에도 전문가가 많습니다. 증권사에 일하면서 수수료 챙기는 증권사 직원도 전문가이고 증권사 자금을 운용하는 직원도 전문가입니다.

경제방송에 나오는 사람도 전문가이고 유사투자자문에서 일하는 직원도 전문가입니다. 전문가라는 타이틀은 그냥 주식으로 밥을 먹고 사는 사람들이라고 보면 좋을 것 같습니다.

그런데 이들 모두 수익을 내는 고수들이냐 하면, 그건 또 아닙니다. 전문가라고 하더라도 그냥 나보다 조금 더 많이 경험한 사람이라 해도 무방합니다. 증권정보를 제공하는 사람들이지, 이들이 실전 매매에 고수들이라는 것은 아니라는 것이죠. 조언해줄 뿐 그것이 수익으로 이어지는 것은 아닙니다.

즉, 주식투자에서 전문가라는 집단이 여러분의 수익을 보장하는 것은 아니라는 것입니다. 오히려 잘못된 조언으로 손실이 나기도 합니다. 전문가라고 해도 손실이 나는 경우가 많이 있거든요. 아는 것과 실전에서 돈을 버는 것은 다른 문제라는 것이죠. 그래도 알고 있다면 조금 더 확률은 높을 수 있겠습니다.

그래서 전문가의 조언은 어디까지나 조언으로 받아들여야 합니다. 최종 판단은 오로지 자신이 스스로 결정해야 합니다.

06 보조지표는
보조지표일 뿐이다

주식투자는 기업의 가치를 분석해서 주가가 오를지 떨어질지를 맞히는 일입니다. 그래서 주식투자는 기업의 가치를 분석하는 일이 기본이 됩니다.

그런데 기업가치 분석만으로는 주가가 어느 위치에 있는지 알기 힘듭니다. 그래서 알기 쉽게 주가 차트를 만들었습니다.

차트를 보면 주가가 어느 위치에 있는지 한눈에 알 수 있습니다. 차트 무용론도 있지만 데이트레이딩이나 스윙매매에서 차트를 모르면 까막눈이나 다름없습니다. 그래서 반드시 차트를 배워야 합니다.

차트의 3대 구성 요소는 캔들, 이동평균선, 거래량입니다.

캔들은 하루 주가 움직임을 알려줍니다. 시가, 종가, 고가, 저가를 캔들 하나로 설명합니다. 캔들 하나만 보고도 그날 주가가 어떻게 흘러갔는지 알 수 있는 것이죠. 캔들은 연결하면 이 종목의 주가가 강세인지 약세인지 바로 알 수 있습니다.

이동평균선은 줄여서 이평선이라 부릅니다. 이동평균선은 보통 5일선, 20일선, 60일선, 120일선 등을 기본값으로 설정됩니다.

5일선은 최근 5일간의 종가평균값이고 20일선은 20일, 60일선은 60일이 됩니다. 보통 한 달에 거래일이 20일이니까 5일선은 1주일, 20일선은 한 달간 주가의 평균값이라 보면 되겠습니다.

이동평균선은 주가의 추세를 확인하는 도구로 사용됩니다. 캔들이 하루 주가의 움직임을 알 수 있다면, 이동평균선은 주가가 상승하고 있는지 하락하고 있는지 한눈에 확인할 수 있다고 보시면 되겠습니다.

마지막으로 거래량입니다.

거래량은 하루 거래량입니다. 장이 열리면 주식을 매수하는 투자자도 있고 매도하는 투자자도 있겠죠. 그러면서 거래가 되는 것이죠. 거래량은 해당 종목이 하루 얼마나 거래됐는지 알 수 있는 지표입니다.

거래가 없다면 시장에서 관심이 없는 종목이라는 것이죠. 거래가 없으니 변동성도 없을 것이고, 단기매매에 부적합한 종목이 될 것입니다. 반면 거래량이 많다는 것은 시장에서 관심 있는 종목입니다. 거래가 활발하니 주가도 출렁거리겠죠. 그래서 단기매매를 할 때는 거래량이 아주 중요합니다.

거래량은 캔들과 함께 봐야 합니다.

거래량이 많은데 양봉이면 사는 사람이 파는 사람보다 많다는 것이죠. 더 주고라도 사야겠다는 투자자가 많으니 양봉이 나오고, 양봉의 길이도 길어집니다.

반대로 거래량이 많은데 음봉인 경우가 있습니다. 사는 사람보다 파는 사람이 많다는 의미입니다. 안 좋은 상황이 연출됐으니 파는 사람이 많은 것이죠. 그래서 거래량이 증가했을 때 상승 거래량인지, 하락 거래량인지 판단할 필요가 있습니다. 차트만 보면 주가가 어느 위치에 있는지, 기업의 상황이 어떤지 대충 알 수 있습니다.

단기매매는 기업의 가치를 자세히 분석할 시간이 없습니다. 확인하는 동안 주가는 벌써 다른 곳에 가 있는 경우가 많이 있으니까요. 차트만 보고 상황을 바로 파악할 수 있을 정도가 돼야 합니다.

여기에 보조지표도 있습니다. 투자자들이 차트만 가지고 부족하니까 여기에 또 뭘 갖다 붙여 여러 가지 지표를 만들어놓습니다. 이걸 보조지표라 부릅니다. 차트를 보조하는 것이죠.

스토캐스틱, 패러볼릭, 볼린저밴드, 엔벨로프, MACD, CCI, DMS, RSI, OBV 등 몇 개가 있는지 알 수 없을 정도로 많은 보조지표가 있습니다.

보조지표가 이렇게 많은데 다 맞을까요? 보조지표의 신뢰도가 높으면 매수신호가 나오면 사고, 매도신호가 나오면 팔면 되겠죠. 하지만 실전에서는 다른 상황이 펼쳐집니다.

보조지표가 엉터리는 아닙니다. 다 나름대로 근거가 있으니까 만들어놓은 것이죠. 맞지도 않는 것을 시간 들여 만들어놓았겠습니까.

문제는 근거는 있는데 실전에서 확신을 못 한다는 것입니다. 보조지표에 확신이 있으면 과감하게 매수하면 되겠지만, 실전에서는 그렇게 안 된다는 것이죠.

일단 데이트레이딩에서는 보조지표가 중요하지 않습니다. 아마 데이트레이딩 하시는 투자자 중 보조지표를 보고 매매를 하는 사람은 없을 것입니다.

맞고 안 맞고를 떠나 보조지표를 보고 매매하기에는 신호가 너무 늦습니다. 신호를 보고 매매하려면 벌써 상황이 달라지는 경우도 허다합니다.

그래서 보조지표는 나중에 천천히 시간 날 때 알아보시는 걸 권합니다. 이 책에서는 다루지 않습니다.

1초 만에 종목 골라내는 법

여러분 속독법 아시죠. 평상시보다 빠르게 책을 읽는 기술입니다. 데이 트레이더라면 속독법처럼 차트를 빠르게 분석할 수 있어야 합니다.

상장 종목이 2천여 개가 넘습니다. 그리고 1년에 수십 종목이 추가로 상장하고 상장폐지를 당합니다.

종목 하나 분석하는 데 5분이 걸린다고 합시다. 10,000분이 걸립니다. 말이 안 되는 일입니다. 온종일 봐도 안 되죠.

한 종목에 1분 걸린다고 합시다. 2,000분입니다. 이것도 말이 안 됩니다. 미친 짓입니다.

한 종목을 1초 이내로 해석해야 합니다. 이렇게 해도 볼 종목이 너무 많습니다. 상장 종목은 2천여 개지만 데이트레이딩에 맞지 않는 종목이 많습니다.

데이트레이딩뿐만 아니라 볼 필요가 없는 종목도 많아요. 이런 종목들은 다 걸러내야 합니다. 방법은 간단해요. 거래량이 없는 종목을 삭제하면 됩니다.

우리는 거래를 해야 하는데 거래가 없는 종목은 아무 의미가 없죠. 빠르게 사고 팔아야 하는데, 거래가 없다면 어느 세월에 매수하고 매도하겠습니까.

그래서 무조건 거래량이 많은 종목을 매매해야 합니다. 이런 종목만 추려서 검색한다면 훨씬 빠르게 매매에 적합한 종목을 찾을 수 있습니다.

08 이런 차트를 골라라

　데이트레이딩을 하려면 먼저 매매하기 좋은 종목이어야겠죠. 거래량도 많고 시장에 관심이 집중된 종목을 골라야 합니다.

　재무제표 분석할 시간이 없습니다. 어느 세월에 기업분석을 하고 있습니까. 그리고 중요한 건, 우리가 아무리 기업분석을 열심히 해도 전문가를 따라갈 수 없다는 겁니다.

　무슨 말이냐면, 기업 내부에서 어떻게 돌아가는지, 실적이 어떻게 나올 것인지 알 수 없단 말이죠. 어차피 공개된 정보 외에는 불확실성에 기댈 수밖에 없습니다.

　빠르게 치고 빠져야 하는 단기매매는 매매시간 동안 상장폐지 당할 기업인지 아닌지, 그 기업의 호재나 악재가 있는지만 체크하면 됩니다. 스켈퍼들은 그런 것도 필요 없습니다. 바로 눈앞에 움직이는 시세만 보면 됩니다.

데이트레이딩에서 좋은 종목을 고르려면 차트를 볼 수밖에 없습니다. 그래서 좋은 차트인지 아닌지를 빠르게 보는 능력을 길러야 합니다

그럼 좋은 차트는 어떤 것일까요?

먼저 수급을 봐야 합니다. 주식에서 수급이 뭐냐? 바로 매수세입니다.

전문가들은 주가를 분석할 때 기업가치를 분석합니다. 기업의 가치를 분석하고 더 올라갈 수 있을 것인지, 하락할 것인지를 분석합니다.

증권사에서 종목 보고서가 많이 나옵니다.

"앞으로 반도체 초호황이 올 것이다. 지금 삼성전자 주가 55,000원은 과매도 구간으로 적극 매수 추천한다. 목표주가 80,000원을 제시한다."

"반도체 겨울이 다가오고 있다. 반도체 재고가 쌓이면 내년 상한가까지 칼바람이 불 것이다. 현재 55,000원은 고평가 구간이다. 목표주가 44,000원을 제시한다."

이런 멘트를 달고 하루에도 수많은 기업 보고서들이 쏟아져 나오고 있습니다.

이걸 보고 수급 세력들이 움직입니다. 매수를 할 것인지, 매도를 할 것인지를 결정하죠. 삼성전자 같은 경우는 수천억에서 수조를 매매합니다.

우리같이 얼마 안 되는 돈은 취급도 못 받습니다. 그래서 우리 같은 개

미들은 거대 자금의 흐름을 잘 관찰해야 합니다. 아무리 단기매매라도 수급이 매도로 쏠려 있으면 수익 내기 어렵습니다.

그래서 거대 수급 세력이 어느 쪽으로 움직이고 있는지 체크할 필요가 있습니다. 이런 거대 자금의 흐름은 코스피나 코스닥 지수 흐름을 봐야 합니다. 단기매매할 때도 지수가 상승하고 있는지, 하락하고 있는지에 따라 승률이 달라집니다.

다음은 업종입니다.

지수 흐름을 보고 나서는 업종을 봐야 합니다. 내가 매매할 업종의 수급을 봐야 합니다.

코스피·코스닥 안에는 수많은 업종이 있습니다. 업황이 좋다고 하더라도 모든 종목이 다 좋은 것은 아니죠. 잘나가는 업종이라도 매출을 못 올리는 업종이 있습니다. 잘나가는 업종에서도 잘나가는 종목에 수급이 몰리게 되어 있습니다.

떡볶이 가게가 즐비한 곳에서도 줄 서서 먹는 가게가 따로 있듯이, 업종 내에서 특히 돈을 많이 버는 기업이 있습니다. 그런 기업을 노려야 합니다.

그래서 투자를 하려면 1등 기업을 노려야 하는 것이고 주식에서는 이런 종목을 대장주라고 합니다. 업종지수를 이끌어 가는 대장이라는 것이죠. 그래서 단기매매든 장기투자든 이 대장만 노려야 됩니다.

그런데 한 종목만 잘나가지는 않겠죠. 2등 종목도 있을 겁니다. 대장하고 비슷하게 잘되는 2등 기업이 있을 겁니다. 그래서 2등까지는 노려도 좋습니다. 여기까지 수급이 들어옵니다.

그런데 잘되는 기업은 주가도 많이 올라가 있겠죠. 내가 관심을 가질 때는 주가가 이미 크게 상승해 있는 경우가 대부분일 것입니다.

그래서 초보들은 같은 업종으로 분류되어 있지만 주가가 싸고 안 오른 종목을 노립니다. 이것도 언젠간 오르겠지 하고 말이죠. 하지만 주가는 안 오릅니다.

같은 떡볶이 가게라도 맛없다고 소문난 가게는 손님이 없습니다.

주가가 많이 올랐다고 해도 무조건 대장주 위주로 매매해야 합니다. 이건 장기투자자도 마찬가지입니다. 반드시 지금 수급이 몰린 종목을 매매해야 합니다.

코스닥 같은 경우는 테마입니다. 코스닥은 백신 테마·정치 테마 이런 식으로 테마를 묶어 움직이는 경우가 대부분입니다. 여기서도 반드시 대장주를 노려야 합니다. 특히 코스닥 단기매매를 할 때는 많이 올랐어도 상관없습니다. 무조건 수급이 몰리는 종목을 매매해야 합니다.

테마로 분류는 되었지만, 수급이 없는 종목을 매매해서는 안 됩니다. 무조건 강한 종목을 선택해서 매매해야 합니다.

09

장 중에 빠르게 뉴스를 체크하라

장 시작과 동시에 급등하는 종목이 있습니다. 또 장 중에 주가가 갑자기 급등락하는 예도 있습니다.

데이트레이딩의 종목 선정은 대부분 이 종목들 내에서 선택하고 거래를 하게 되는 것이 일반적입니다. 나중이 아니라 지금 시장에서 가장 수급이 몰리는 종목이 바로 데이트레이딩 종목이 되는 것이죠.

그런데 아무 이유 없이 올라가는 종목도 있습니다. 단타방 회원들이 들어 올리는 종목에 수급이 붙어 상승하는 경우이지요.

그러나 대부분의 종목은 재료로 주가가 움직입니다. 그래서 매수를 하기 전에 어떤 내용의 뉴스가 나왔는지 빠르게 확인할 필요가 있습니다.

먼저 전날 재료가 있는 종목을 체크하고, 장이 시작하면 그 종목 위주로 공략합니다. 장 중에 움직이는 종목은 빠르게 뉴스를 체크하여 조금 더 강하게 움직일 수 있는 종목인지 판단해야 합니다.

데이트레이딩이니 빠르게 뉴스를 파악하려면 어떤 뉴스가 주가를 강하게 움직이는지 알고 있어야 합니다.

먼저 공시가 가장 중요합니다. 아무 공시에나 주가가 움직이는 것은 아닙니다.

일단 공급계약의 뉴스입니다. 공급계약이라는 것은 물건을 팔았다는 것이죠. 대형주 같은 경우는 초대형 수출계약 같은 것이 나와야 움직입니다. 하지만 중소형 종목이라면 대기업을 대상으로 계약 체결이나 신규 매출이 발생되는 계약일 경우에 주가가 움직입니다. 기업가치 대비 계약 규모가 클수록 주가 움직임이 달라질 것입니다.

만약 초대형 계약이라면 오늘 하루 움직임에 끝나지 않고 며칠 동안 주가가 상승할 수 있습니다. 그렇다면 이 종목을 며칠 동안 데이트레이딩으로 수익을 올릴 수도 있고, 매수해서 수익이 났다면 주가가 꺾일 때까지 들고 가는 전략을 구사할 수도 있습니다.

또 하나, 주가를 띄우기 위해 많이 쓰는 것이 바로 신사업 진출입니다. 이 경우는 가끔 주가를 인위적으로 띄우려는 작전세력이 즐겨 쓰는 재료입니다.

매출이 전혀 나올 수 없는 기업을 인수한 세력이 주가를 띄우려면 기존의 사업으로는 불가능하죠. 갑자기 세력이 인수했다고 해서 돈을 못 버는 기업에서 매출이 나올 리 없으니까요.

그래서 기존의 사업이 아닌 신사업을 하겠다고 공시합니다. 신사업이란 아무도 하지 않는 완전히 기발한 사업만을 말하는 건 아닙니다.

지금 시장에서 가장 뜨거운 사업 아이템을 붙여다가 신사업 진출 공시를 냅니다. 2차전지 기업들이 잘되면 갑자기 2차전지 사업에 진출한다고 한다고 공시를 하는 거죠. 수십 년 기술 노하우를 쌓은 기업들이나 하는 사업 분야에 아무 관련도 없는 기업이 진출한다고 무조건 수익이 날까요? 주가만 띄우는 겁니다.

그러니까 매출도 없는 기업이 갑자기 사업에 진출하겠다고 공시를 내면 일단 작전이라고 보면 좋을 것 같습니다.

이런 식으로 주가를 띄우고 본인들은 빠져나가는 경우가 대부분입니다. 그러나 연속성이 없는 경우가 대부분이기 때문에 욕심을 부리면 안 되고 한 입 먹는다는 생각으로, 수익을 올렸으면 빠르게 빠져나오는 것이 정답입니다.

이외에도 다양한 뉴스와 루머가 뉴스로 생산이 되어 장 중에 공급이 됩니다.

주가가 움직여서 뉴스를 확인할 때 어떤 뉴스인지를 보고 빠르게 대응할 능력을 갖출 필요가 있습니다.

왜냐하면 이미 다른 고수들이 뉴스를 파악하고 대응하기 때문입니다.

재료가 약하면 이미 고수들이 알고 접근을 안 하거나 빠르게 한 입 먹고 빠져나갑니다.

나만 이 정도의 뉴스면 주가가 크게 움직일 것으로 판단하여 주가가 하락하고 손실로 이어지고 있음에도 안 팔고 버티는 우를 범하지 마시기 바랍니다.

거래량은 반드시 체크하라

10

거래량은 주식투자에서 아주 중요합니다. 그래서 어떤 매매를 하든 거래량은 항상 체크해야 합니다. 당신이 데이트레이더가 되겠다고 마음먹었다면 거래량 체크는 필수입니다.

그럼 거래량은 왜 중요할까요? 그것은 가격은 속여도 거래량은 속일 수 없기 때문입니다.

만약 당신이 주가를 움직이려고 한다면 주가를 자신에게 유리한 방향으로 만들기 위해 노력하겠죠. 물량을 보유하고 있다가 매도하려고 하면 최대한 주가를 높이 띄운 다음 매도하려고 하겠죠. 캔들로는 장대 음봉이 나옵니다.

반대로 매집하려고 한다면 최대한 저가로 시작했다고 주가를 끌어올릴 겁니다. 이 경우 장대 양봉이 나오겠죠.

또 개인들이 접근하지 못하게 만들려고 장 중에 주가가 엄청나게 흔드는 예도 있고, 매도나 매수를 위해 주가를 흔드는 일도 있습니다. 다양한 패턴으로 자신들에게 유리하게 주가를 움직이려고 할 것입니다.

그래서 인위적으로 캔들도 만들어지고 이동평균선도 움직입니다. 그러나 한 가지 거래량은 속일 수 없습니다. 매집하기 위해서는 어쩔 수 없이 거래량이 늘어날 수밖에 없습니다. 매도하기 위해서도 마찬가지입니다. 매수하든 매도하든 거래가 붙어야 한다는 것이죠.

특히 데이트레이딩에서는 거래가 늘어나야 주가가 올라갑니다.

오전장이 시작됐다고 해봅시다. 재료가 있는 종목이 상승을 시작합니다. 그러면 전국의 데이트레이더들이 붙게 되어 있습니다. 당연히 거래가 늘어나지요. 많이 몰리고 주가가 더욱 높이 상승할수록 거래량이 늘어날 수밖에 없습니다.

이렇게 거래량이 많다는 것은 그만큼 시장에 관심을 받는 종목이라는 것이고 주가 변동이 크기 때문에 데이트레이딩을 할 수 있는 구간이 커지게 됩니다.

5% 상승한 종목과 20% 상승한 종목이 있다면 당연히 20% 상승한 종목이 더 수익을 낼 확률이 높겠죠.

그래서 장 중 데이트레이딩 때는 반드시 거래량이 붙는 종목을 매매해야 합니다. 그런 종목만 찾아 매매해야지, 움직이지도 않는 종목을 상승할 것이란 기대감으로 매수해서는 안 됩니다. 반드시 거래가 붙고 있는 종목을 찾아야 합니다.

기다린다고
주가가 오를까?

11

주식은 오를까 내릴까를 맞추는 일종의 게임입니다. 그러면 당연히 오를지 떨어질지 예측해야겠죠. 본인이 분석한 여러 가지 자료를 바탕으로 상승이 예측되면 매수하고, 떨어질 것 같으면 매도를 하는 것입니다.

그러나 이러한 예측에는 기대감이 반영됩니다. 자신만의 분석으로 매수했으니 상승할 것이라는 강한 기대를 하게 되는 것이죠. 그래서 주가가 조금 흔들리거나 매수 후 하락하더라도 버틸 수 있는 것이죠.

그런데 데이트레이딩에서 이렇게 하다가는 한 달도 되지 않아 원금이 반토막이 날 수도 있습니다.

데이트레이딩은 기업가치를 분석하여 장기간 보유하는 매매법이 아닙니다. 지금 당장 눈앞에 움직이는 시세 움직임을 이용하여 수익을 올리는 매매법입니다.

데이트레이딩도 다른 매매법처럼 매수 후 주가가 상승하면 수익을 올리고 나오면 됩니다. 그런데 매수 후 주가가 하락했을 때는 바로 끊고 나와야 합니다. 이건 데이트레이딩의 기본입니다.

그런데 사람의 심리가 참 무섭습니다. 매수 후 주가가 하락하면 조금 더 기다리면 오르지 않을까 하는 생각이 듭니다. 이 생각이 드는 순간 데이트레이더로서는 망했다고 보시면 됩니다.

데이트레이더가 무조건해서는 안 되는 생각이 바로 '기다리면 오르지 않을까'입니다.

물론 기다렸다가 반등에 성공하는 예도 있습니다. 그러나 대부분은 하락해서 내가 매수한 가격에 오지 않는 경우가 대부분입니다.

1% 안에서 끊어야 하는데 5% 이상 하락한 다음, 이건 아닌가 싶어 매도하는 경우가 많이 있습니다. 이렇게 몇 번만 반복하면 순식간에 원금이 반토막이 납니다. 1% 안에 끊고 다음 기회를 노려야 하는데, 5%에 끊으면 어떻게 손실을 만회할 수 있을까요.

데이트레이딩은 시간을 압축한 매매법입니다. 거의 감각적으로 매매해야 하는 것이죠.

실전에서 감각적으로 매매하려면 이론과 매매 연습을 철저히 준비해야 합니다. 그래서 '실전에서 해봐도 되겠다'라는 자신감이 들 때 소액을 가지고 합니다. 그러다 진짜 수익이 나면 그때부터 투자금액을 늘려가는 것이죠.

반드시 감각적으로 매매할 수 있을 때까지 연습하시기 바랍니다.

12

데이트레이딩에 적합한 매매시간은?

주식시장은 오전 9시부터 오후 3시 30분까지 쉬지 않고 열립니다. 내가 밥을 먹으러 간 사이에도 주식시장은 멈추지 않습니다. 이러다 보니 장 중 내내 모니터만 보는 투자자도 있습니다.

하지만 모든 시간이 중요한 것은 아닙니다. 데이트레이더들이 가장 집중하는 시간은 어느 시간대일까요? 바로 9시부터 10시까지입니다. 실전에서는 오전 장이 시작하고 30분이면 수익이 결정이 난다고 봐도 무방합니다. 장 시작 후 1시간이 데이트레이더들에게는 황금 같은 시간이라 할수 있겠습니다.

시장이 열리면 재료가 있는 종목들은 급상승하기 때문에 장이 열리기 전, 종목별로 어떤 재료가 있는지 파악할 필요가 있습니다.

밤사이 뉴스가 나온 종목이나 재료가 강한 종목은 오전 매수세가 몰리기 때문에 주가가 상승하게 됩니다. 데이트레이더라면 빠르게 진입해서 수익을 올리고 나와야 합니다.

한마디로 데이트레이딩이란, 오전 1시간 동안 펼치는 승부사들의 게임이라 할 수 있습니다.

보합에서 시작하여 상한가에 진입한 종목이 있다고 해 봅시다. 보합에 들어가 상한가까지 주식을 들고 있다면 당일 30%의 수익이 가능했을 것입니다. 5% 상승한 구간에서 진입했다면 25% 수익이, 10% 상승한 구간에서 진입했다면 20%의 수익이 가능했을 것입니다.

데이트레이딩이란 진입 시점과 매도 시점을 누가 먼저 빠르게 파악하느냐라는 고도의 심리 게임입니다.

10시가 지나면 종목의 움직임이 눈에 띄게 줄어듭니다. 거의 모든 종목이 소강상태에 접어들지만, 종목별로 10시가 지난 후 급등하는 예도 있습니다. 하지만 이런 종목은 적고 후속 매수세가 없는 경우가 많아 상승 도중에 꺾이는 경우도 많습니다. 그래서 모든 종목이 동시다발적으로 움직이는 10시 이전을 적극적으로 공략해야 합니다.

이후 점심시간이 지나고 2시 이후부터 슬슬 종목이 움직입니다. 요즘에는 2시 이후가 아니라 2시 30분 이후 종목이 움직이는 경향입니다.

하지만 소강상태인 시간대보다 많이 움직인다는 것이지 오전장처럼 활발히 움직이는 것이 아닙니다. 오히려 오후장은 매매보다는 다음날 움직일 가능성이 있는 종목을 찾는 시간으로 보는 것이 좋습니다. 다음날 상승 가능성이 커 보이는데 나스닥 선물까지 좋다면, 종가에 매수하여 다음날 갭 상승을 먹는 전략도 좋습니다.

데이트레이딩이라고 해서 무조건 장 중에 매수하고 장 마감 시에 모두 매도해야 하는 것은 아닙니다. 매매 방법에 자신이 있다면 데이트레이딩을 중심에 놓고 여러 가지 매매법을 적용하는 것이 수익에 도움이 될 것입니다.

어떤 종목을 골라야 할까요? 바로 상승하는 종목을 잡아야 합니다. 그런데 대부분 상승하는 종목은 잘 쳐다보지 않습니다. 왜냐하면 주가가 크게 상승한 것처럼 보이거든요. 그러나 주가의 속성은 올라가는 종목은 더 올라가고 떨어지는 종목은 더 떨어진다는 것입니다. 특히 데이트레이딩을 하려면 반드시 상승하는 종목을 잡아야 합니다.

chapter 2

이런 종목을 찾아라

골드앤에스

차트1

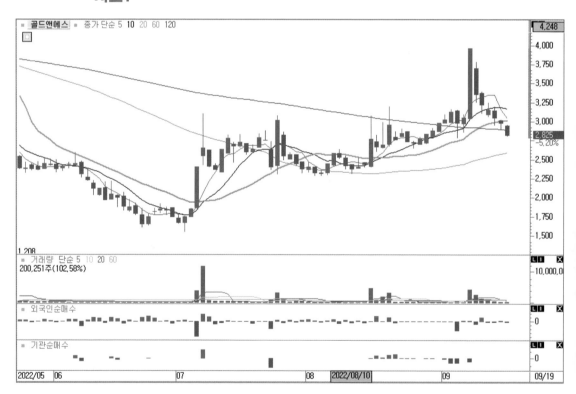

이 종목은 약 2개월 이상 상승 파동이 나온 종목입니다. 최근에는 주가가 하락하면서 시세를 마무리하는 모습입니다. 그러나 이렇게 오랜 기간 시세를 준 종목은 시세를 그냥 마무리하기보다는 되돌림 파동이 나올 가능성을 염두에 둬야 합니다. 급하게 시세를 주고 마무리하는 종목이 아니라 완만히 상승했기 때문에 시세가 완전히 끝났다고 보기 어렵습니다. 그러나 볼 때는 아니죠. 하락하고 있으니 절대 건드리면 안 됩니다.

다시 파동이 나오기 전까지는 관찰 종목 정도로 취급해야 합니다.

차트2

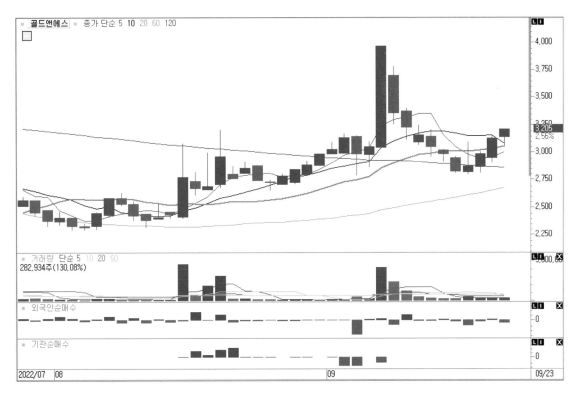

잠시 다른 종목을 보는 사이 주가 반등이 나왔습니다. 주가가 하락을 마무리하고 4일 연속 상승하고 있습니다.

여기서 주목할 필요가 있습니다. 앞의 장대 양봉 이후 주가가 하락하죠. 끝났다고 생각할 수도 있지만 다시 주가가 고개를 쳐들고 있습니다. 이렇게 보니 앞에는 매물이죠. 거래량 터진 장대 양봉을 극복하려면 매물을 소화해야 합니다. 거래량이 있어서 물린 투자자가 많죠. 그런데 주가가 밑에서부터 천천히 올라오고 있습니다. 물린 투자자의 물량을 조금씩 소화하고 있습니다.

만약 단타 세력이 들어왔다면 한 번에 급하게 끌어올린 뒤 빠져나간 종목으로 볼 수 있습니다. 그런데 이렇게 물량을 소화한다는 것은 앞의 고점을 돌파시킬 가능성이 큽니다.

적어도 거기까지 올려야 밑에서 매집한 보람이 있겠죠. 그래서 이런 차트가 나오면 전고점을 돌파할 수도 있고, 아니면 전고점 부근까지 주가를 끌어올리는 경우가 많이 있습니다. 일단 전고점까지는 주가가 상승할 수 있다고 보고 대응하면 좋습니다.

차트3

계속 상승 시도가 나오죠. 전고점까지 끌어올렸습니다. 전고점까지 주가를 끌어올릴 가능성이 크다고 판단하여 이 종목을 집중적으로 공략했다면 수익을 올렸을 것입니다.

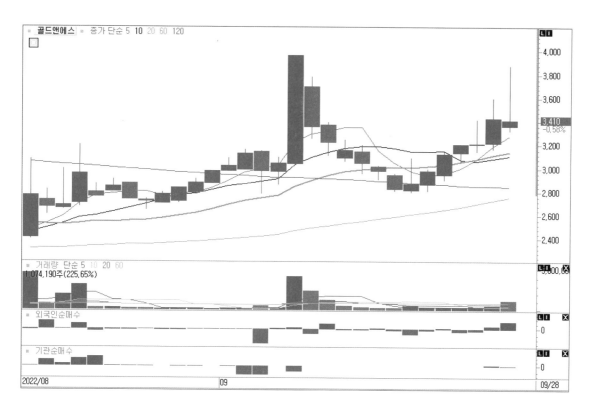

사실 이런 차트는 단타보다도 스윙매매가 좋습니다. 일단 매수해서 주가가 상승하면 전고점 부근까지 가져가는 전략이 좋다는 것이죠.

단타든 스윙이든 돈을 벌 수 있는 종목이죠. 매매 방법은 본인의 스타일과 장 중 움직임을 보고 적절하게 대응하면 됩니다.

이 종목에서 얼마를 버는 것은 실전에서 본인의 판단에 따라 달라집니다. 많이 벌면 좋은 것이고, 적게 벌었다고 실망할 필요도 없습니다. 이런 종목은 또 나오니까요.

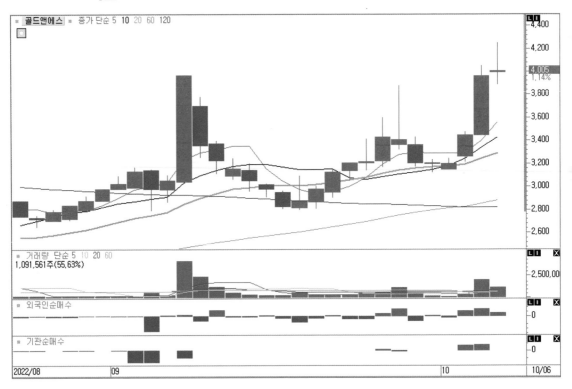

전고점까지 상승 파동이 나온 이후 주가가 하락합니다. 그런데 다시 상
승하고 있습니다. 앞에서부터 보면 상승 파동이 계속 이어지고 있습니다.
그리고 이번 상승은 기관과 외국인이 들어오고 있습니다. 눈으로 확인할
수 있는 대형 수급 주체가 들어오고 있습니다. 더욱 확신하고 매매를 할
수 있죠.

주식은 이렇게 계속 움직입니다. 여러 가지 매매법을 상황에 맞춰 적용

할 수 있다면 주식시장에서 성공투자자로 남을 수 있을 것입니다.

차트5

분봉입니다. 최근 한 달간 분봉을 이어서 보니까 2번의 큰 상승 파동이
나오고 있죠. 단타나 스윙으로 이 종목에서 수익을 못 낸다는 것은 말이
안 되죠. 중요한 것은 이 종목을 발굴하고 실전에서 매매할 수 있느냐입
니다. 실전에서 이 종목을 발굴한 투자자가 많이 있을 것입니다. 그러나
그냥 눈으로만 보고 흘려보낸 투자자가 대부분일 것입니다.

실전에서 돈을 벌려면 이런 종목을 실전에서 발굴하고 매매해서 수익을 내는 것이 중요합니다. 2번의 상승 파동에서 얼마를 벌었든, 그건 나중 일입니다. 일단 이 종목을 발굴하고 매매해서 수익을 낼 수 있느냐기 먼저입니다. 이런 종목은 계속 쏟아지기 때문입니다.

02 공구우먼

차트1

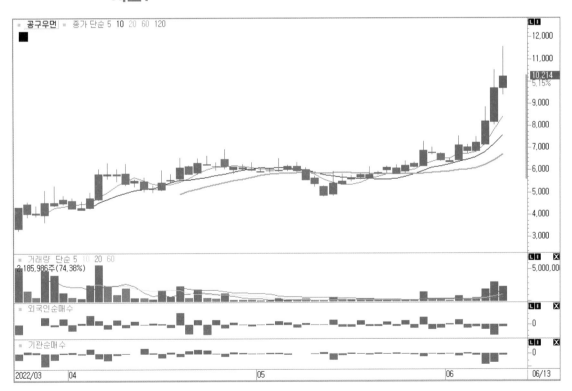

데이트레이딩 종목을 찾을 때 가장 기본은 상승하는 종목을 매매하는 것입니다.

대부분의 초보 투자자들은 하락하는 **종목**을 찾습니다. '이 정도 하락했으면 반등할 것'이라는 막연한 기대감 때문입니다. 그러나 바닥을 그렇게 쉽게 찾을 수 있다면 주식투자로 누구나 큰돈을 벌 수 있을 것입니다. 왜냐하면 모든 투자자가 똑같은 생각을 하고 있기 때문이지요.

그런데 대부분 투자자가 주식시장에서 돈을 벌지 못하는 것을 보면 이러한 투자 방법이 실전에서는 소용없는 것을 알 수 있습니다.

그러면 어떤 종목을 골라야 할까요? 바로 상승하는 종목을 잡아야 합니다. 그런데 대부분 상승하는 종목은 잘 쳐다보지 않습니다. 왜냐하면 주가가 크게 상승한 것처럼 보이거든요.

그러나 주가의 속성은 올라가는 종목은 더 올라가고 떨어지는 종목은 더 떨어진다는 것입니다. 특히 데이트레이딩을 하려면 반드시 상승하는 종목을 잡아야 합니다.

데이트레이딩은 장기투자가 아닙니다. 1% 내외, 또는 그 이상의 이익을 단기간에 얻고 나오는 매매법이기 때문에 상승하는 종목을 찾아야 하는 것이죠.

이 종목은 주가가 5,000원대부터 상승을 시작하여 10,000원을 돌파하였습니다. 100% 이상 상승한 것이죠. 오르는 종목이 더 올라 100%의 시세를 주는 겁니다. 오늘 위꼬리 달린 양봉이 나왔습니다. 그런데 거래량이 없죠. 다시 내일 상승 시도가 나올 수 있습니다. 장 시작과 함께 거래량이 터지면서 상승하면 매매에 가담하는 게 좋습니다.

차트2

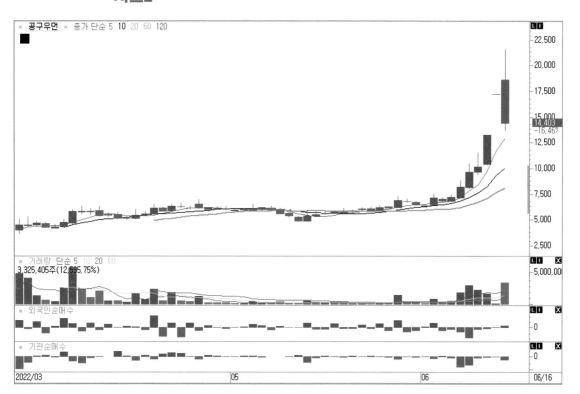

아마 '이런 종목을 실전에서 발굴했으면…' 하는 생각을 했을 것입니다. '이미 너무 많이 올랐네.' 장기투자자라면 이렇게 생각하는 것이 타당할 수 있습니다. 그러나 지금 매매는 장 중 1%의 이익을 얻기 위해 싸우는 중입니다. 가는 종목이 더 가는 것이고 한창 시세를 주고 있는 종목이기 때문에 장 중에 집중에서 매매해야 하는 것이죠.

위꼬리 달린 장대 양봉 이후 상한가기 나옵니다. 이미 100% 정도 상승했지만, 다시 100%가 더 오릅니다. 이 종목은 실전에서 발굴하여 많은 사람과 공유했던 종목인데 적중하여 큰 성공을 거두었습니다. 장 중에 단타로 들어갔지만, 주가가 강한 상승세를 보여 그냥 보유했는데 점상한가까지 나와 100%의 수익이 가능했던 종목입니다.

차트3

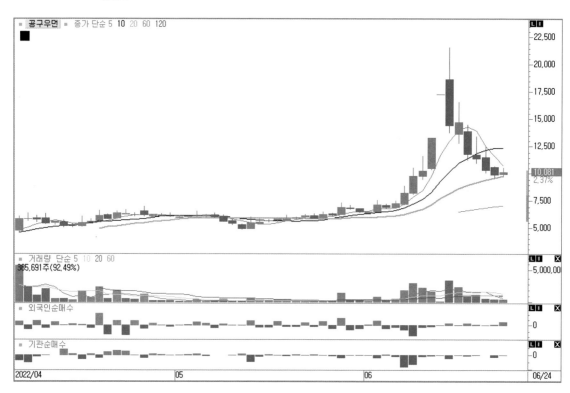

고점에서 위꼬리 달린 장대 양봉이 나왔으니 당연히 매도해야겠죠. 실전에서는 이 꼬리가 만들어지기 전 갭상승 이후 주가가 더 이상 상승하지 못하면 매도해야 합니다. 점상한가가 나왔는데 강한 상승세를 보여주지 못한다면 더 이상 욕심부리지 말고 나와야 합니다.

이후 주가가 하락하는데 점점 하락폭이 줄어들고 있죠. 그러면서 주가가 20일 이동평균선에 닿는 모습입니다. 급등했던 종목이 맥없이 하락하는 예도 있지만, 이렇게 이동평균선에 닿고 일시적인 반등하는 예도 종종 있습니다. 아직 세력이 남아 있거나 새로 진입하는 선도 세력이 있다면 주가가 다시 반등할 가능성도 있습니다. 전국의 단타꾼들이 다들 이 종목을 노려보고 있어서 누군가 선도에 서서 매수에 나선다면 순식간에 강한 매수세가 몰려 주가가 상승합니다.

차트4

주가가 무너질 때는 포기하지만 이 종목은 강한 매수세가 유입되면서 장대 양봉이 나왔습니다. 상한가 부근까지 주가가 상승했기 때문에 이 종목을 미리 매수 준비하고 있었다면 장 중에 1% 이상 충분히 수익을 가져갔을 것입니다. 빠르게 진입했다면 아마도 10% 이상의 수익도 가능했을 것입니다.

급등했던 종목이 하락하는데 무너지지 않고 반등해준다면 거기서 끝나지 않고 추가 상승할 가능성이 큽니다. 상승 탄력이 생긴 종목은 계속

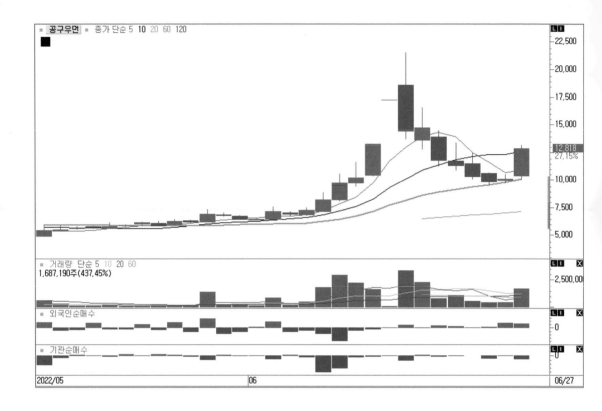

탄력을 받기 때문이지요. 만약 상승한다면 전고점 부근까지 갈 가능성이 큽니다. 전고점을 돌파할 수도 있고, 전고점 부근까지 상승했다가 밀릴 수도 있습니다. 일단 추가적인 단타 구간이 나올 수 있는 종목이라는 것이죠.

그래서 이 종목에서 수익을 내고 빠져나왔다고 해도 놓치지 말고 다음 날도 봐야 하는 것이죠. 만약 매수했는데 팔지 않고 버티고 있었다면, 매도하지 말고 시세가 어디까지 나오는지 확인할 필요가 있습니다.

이 종목은 앞에서 매매를 통해 수익을 올렸기 때문에 또 들어가는 것도 부담이 없었습니다. 만약 실패해서 손실이 난다고 해도 벌어놓은 수익 일부를 덜어내는 정도였으니까요. 그래서 첫 매매에서 돈을 버는 것이 중요합니다.

차트5

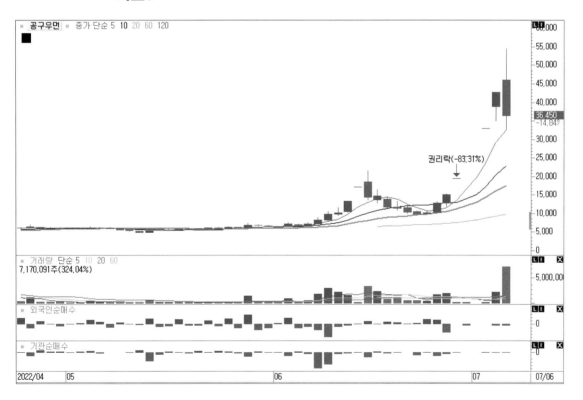

전고점 부근까지 시세를 노리고 매수했는데 또 점상한가가 나왔습니다. 점상한가로 전고점 부근까지 왔기에 다음날 갭상승하여 거래량이 터지면 수익을 확정히고 니오려고 했는데, 디시 점상한가가 나왔습니다. 다음날도 다시 점상한가가 나옵니다. 대박이 터진 것이죠.

전고점까지 상승을 노리고 패턴대로 매매했는데, 예상을 벗어난 대박 상승이 나온 것이죠.

이 한 종목으로 데이트레이딩 수백 번을 해야 얻을 수 있는 수익을 올렸습니다. 데이트레이딩으로 매매를 한다고 해도 주가가 예상을 뛰어넘는 강한 상승이 나오면 수익을 끝까지 챙겨야 합니다.

이 경우는 노린다고 해서 얻을 수 있는 행운은 아닙니다. 정상적인 매매를 하다 우연히 걸린 수익이죠. 그러나 이러한 우연도 꾸준히 자기만의 매매법이 있어야 얻을 수 있습니다.

03 넥스턴바이오

차트1

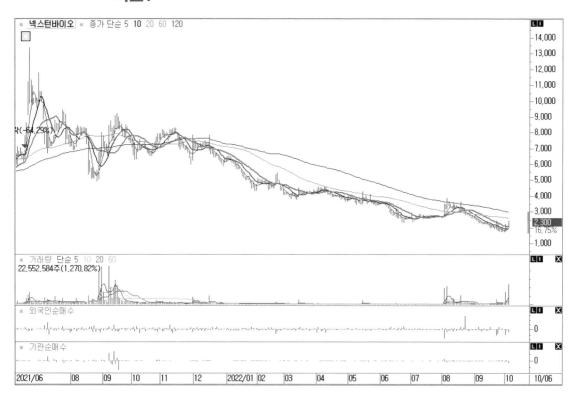

이 종목은 1년 넘게 하락하는 종목이죠. 10,000원대의 주가가 2,000원대까지 떨어졌습니다. 증권사 중심의 전문가 집단은 단기매매는 위험하니 장기투자를 하라고 하지만, 장기투자도 위험하기는 마찬가지입니다. 주식은 위험자산이기 때문에 어떤 매매를 하든 위험도는 똑같습니다. 단지 보는 사람에 따라 시각만 다를 뿐이죠. 주식투자는 반드시 자기만의 원칙이 확립돼야 합니다.

최근 거래량이 크게 일어나고 있습니다. 확대해서 살펴보겠습니다.

차트2

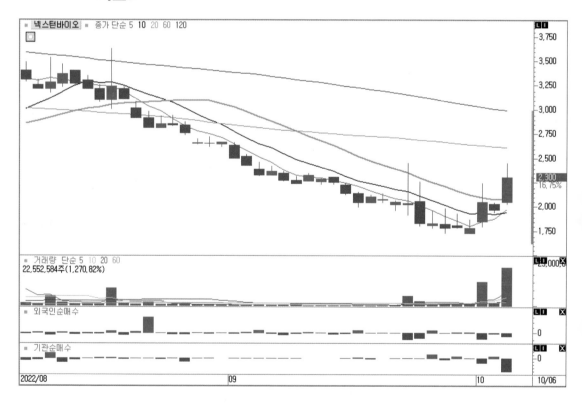

장기 하락을 멈추고 반등에 성공하고 있습니다. 오늘 16%대 상승하면서 시세를 주고 있습니다. 단타투자자라면 첫 번째 양봉 이후 쉬어가는 음봉을 찾아 오늘 매매에 나섰을 것입니다.

그런데 상승이 오늘로 끝일까요? 주가가 10,000원대에서 1,000원대까지 1년 이상 하락한 종목이 모처럼 거래량이 터지면서 반등에 성공했습니다. 내일 망하는 것이 아니라면 선도 세력이 붙을 만하죠.

그리고 매수세가 들어왔습니다. 오늘을 마지막으로 상승을 끝내기에는 아직 수익이 나지 않았을 것입니다. 조금 더 주가를 상승시켜도 장 중 전국의 단타꾼들이 붙을 것입니다. 선도 세력이 움직일 공간이 있는 종목이라는 것이죠.

오늘 매매에 성공한 투자자나 이 종목에서 아직 수익을 못 낸 투자자라도 내일 움직임을 보고 매매할 수 있을 것입니다.

차트3

약간의 갭상승 이후 상승하기 시작하더니 상한가가 나왔습니다. 전일 이 종목을 노리고 있었다면 오늘 장 시작과 함께 움직이는 주가를 보고 공략했겠죠. 장 중에 거래량 증가 종목이나 여러 가지 종목 검색식을 이용하여 매매하는 것도 좋지만, 이렇게 미리 종목을 뽑아놓고 매수세를 기다리는 매매가 더욱 효과적입니다. 이미 종목을 분석하고 어떻게 매매할 것인지 머릿속에 입력해놓았기에 성공 확률이 더욱 높습니다.

차트4

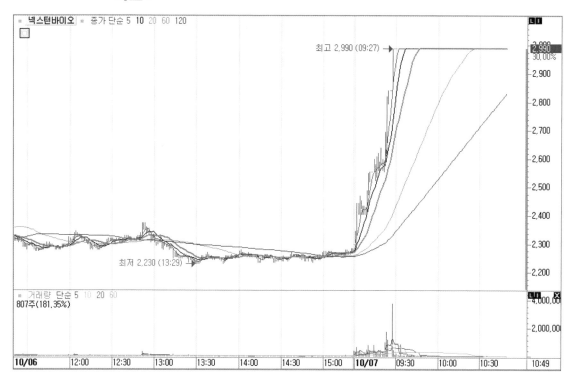

갭상승 이후 쉬지 않고 상한가로 달려갑니다.

미리 기다렸다 매수세를 확인하고 진입했다면 상한가도 먹을 수 있었을 것입니다. 적어도 1% 이상 수익은 가능했던 것이죠.

분봉을 보면 알겠지만, 주가가 장 중에 강하게 상승했기 때문에 매수만 할 수 있었다면 무조건 수익으로 연결되는 종목이었습니다. 이런 종목을 발굴하고 매매를 연습한다면 수익은 저절로 따라올 것입니다.

04

빅텍

차트1

이 종목을 보면 6,000원대까지 상승한 주가가 더 이상 오르지 못하고 횡보하다 천천히 하락하죠. 보통 이렇게 완만히 상승하면 물린 투자자는 혹시 오르지 않을까 하는 기대감으로 매도를 못 하는 경우가 많습니다.

예측대로 상승하면 다행인데, 이 종목처럼 오르지 못하고 급락해버리면 손절 기회를 놓치게 되면서 큰 손실로 이어지게 됩니다. 데이트레이딩하든 스윙매매를 하든 본인이 정해놓은 손절 가격을 이탈하면 반드시 매도로 대응해야 합니다.

지금 3일 연속 주가가 급락했죠. 오늘 보면 밑꼬리가 달리면서 단기매매가 가능했겠지만, 이 종목을 장 중에 집중해서 보지 않은 이상은 매매하기 어려웠을 겁니다.

아직 좋은 타이밍은 아닙니다. 거듭 강조하지만, 데이트레이딩 종목은 상승 움직임이 있고 거래량이 터진 종목이어야 합니다.

차트2

그런데 오늘 거래량이 터지면서 10% 상승한 양봉이 나왔습니다. 거래량 증가 종목으로 잡아내서 매매할 수 있습니다. 오늘 알아볼 것은 이 종목을 장 중에 매매했든 아쉽게 놓쳤든 다음 매매 타이밍이 있을까에 대해서입니다.

급락한 종목이 하락을 멈출 때는 보통 옆으로 횡보합니다. 왜 그럴까요? 언제 추가 하락할지 모르기 때문에 단타꾼들이 달라붙지 않습니다.

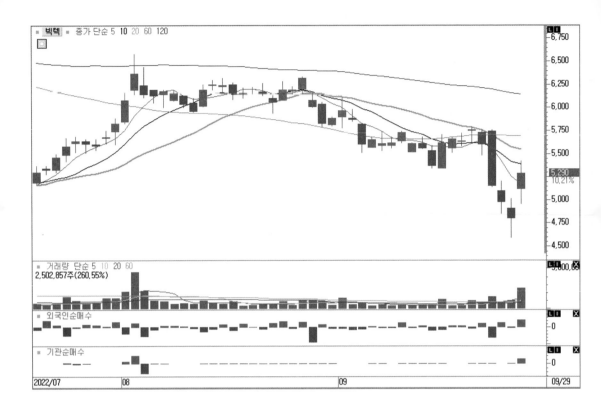

이쯤이 바닥이 아닐까 본인이 판단하고 매수했다가, 다시 하락하면 큰 손
실로 이어지겠죠. 그래서 다들 눈치만 보고 매매는 안 합니다.

　그래서 추가 급락하지 않는 경우는 주가가 횡보하는 경우가 많습니다.
그래서 급락 후 횡보하는 종목이 많이 있는 겁니다.

　더 이상의 매도 세력은 없지만, 매수 세력도 없습니다.

　그리고 급락하는 동안 다들 물려 있죠. 주가가 상승하려면 물린 개인투
자자의 물량을 매수해줘야 합니다. 상승하려면 강력한 매수 세력이 들어

와야 하는 것이죠.

그런데 오늘 주가가 횡보하지 않고 강력한 상승이 나와줬습니다. 급락 매물을 소화해주는 매수세가 들어온 것이죠.

이 종목은 다음날 추가로 움직일 가능성이 큽니다. 단타 타이밍에 들어온 것입니다.

차트3

다음날 보니 주가가 움직이지 않았습니다. 그렇다고 무너지지도 않았습니다. 차트로 보면 물량 소화 캔들이 나온 것입니다. 못 올라갈 종목이면 바로 무너지는 음봉이 나왔어야 하는데, 지지캔들이 나왔습니다. 양봉을 만든 세력이 아직 버티고 있는 것이죠. 이런 만약 상승한다면 기본적으로 급락한 가격대까지 상승시켜 줍니다. 단타뿐만 아니라 스윙 구간이 나오는 것이죠.

이 종목이 무너질 때까지 관찰할 필요가 있습니다. 호가창을 보고 거래가 들어오면 급락 전 가격까지 보고 단타를 할 수 있습니다. 단, 거래가 안 실리면 매매를 안 하는 겁니다. 호가창에 매수세가 들어오는지 확인하고 매매하면 됩니다.

차트4

단타매매니까 1%만 먹어도 됩니다. 5,000원 초반에서 6,650원까지 상승합니다. 무려 1,000원 이상 상승합니다. 5000만 원 가지고 해도 1000만 원 이상 먹을 구간이 나온 것이죠. 1000만 원은 못 벌어도 1% 이상 먹을 구간이 나왔습니다.

1000만 원 수익 구간에서 트레이더의 능력에 따라 벌어가는 겁니다. 10만 원 벌어가는 트레이더가 있고, 1000만 원을 벌어간 트레이더도 있을 겁니다. 중요한 것은 이 종목을 발굴해서 수익을 낼 수 있느냐는 것입니다.

이 종목에서 10만 원을 벌어도 괜찮습니다. 데이트레이딩은 끊임없이 종목을 찾아 매매할 수 있기 때문에 다른 종목으로 바로 넘어가면 됩니다. 제일 중요한 것은 이런 종목을 찾아 매매해서 벌 수 있느냐입니다.

얼마라도 수익을 올렸으면 감사하게 생각하고 바로 다른 종목으로 넘어가면 됩니다. 미련을 가질 필요가 없어요.

TS인베스트먼트

차트1

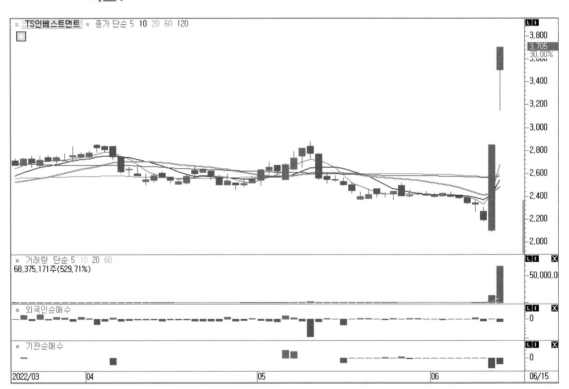

이 종목, 최근까지 주가 움직임이 거의 없었죠. 그러다 갑자기 갭하락 출발했다가 상한가가 나왔습니다. 추세 하락하는 도중 강한 재료가 터진 것이죠. 이러한 상한가는 '상승률 상위 종목'이나 '거래량 증가 종목', 또는 여러 가지 검색 수식이나 상승하는 종목을 보여주는 창을 통해 매매를 할 수 있습니다. 물론 뒤늦게 발견하거나, 이미 상승한 것을 보고 망설이다 놓치는 투자자가 많을 것입니다.

오늘도 보니 장 중 심한 흔들림 가운데 다시 상한가에 진입했습니다. 동작 빠르고 과감한 투자자는 수익을 올릴 수 있는 날이었습니다.

차트2

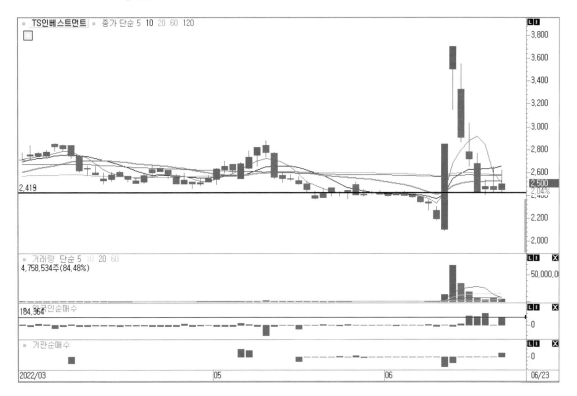

상한가 다음날 시세를 마무리할 때는 보통 갭상승 출발하여 장대 음봉으로 떨어지는 경우가 많은데, 이 종목은 시가부터 갭 하락 출발합니다. 2번의 상한가를 만든 재료가 나음날까지 안 통한 것이죠. 주기는 장대 음봉 이후 연일 하락하여 상승 전 제자리로 돌아오는 모습입니다.

그런데 첫 번째 상한가 몸통 부근에서 더 이상 하락하지 않고 지지캔들이 나오고 있습니다. 만약 재료가 소멸한 종목이라면 주가는 제자리로 돌아갑니다. 그렇다 하더라도 중간에 되돌림 파동이 나오는 경우가 많이 있습니다.

이 정도면 충분히 하락했다고 판단한 단타꾼들이 노리고 있기 때문이죠. 그래서 선도 세력이 주가를 끌어올려 준다면 전국의 데이트레이들이 달려들어 재료가 소멸하였음에도 불구하고 상승 파동이 나와줍니다. 데이트레이더라면 반드시 노려야겠죠.

이 종목은 이 정도면 충분히 하락했다고 생각한 가격대에서 옆으로 횡보하는 지지캔들이 나와주고 있습니다. 누군가 주가를 관리하고 있지 않다면 이렇게 지지캔들이 나오지 않습니다. 여기서 조막손이라도 달려들면 주가는 다시 상승하게 되고, 강한 선도 세력이라면 전고점 부근까지 상승하게 됩니다. 전고점 부근까지 데이트레이더 구간이 열리는 것이죠.

차트3

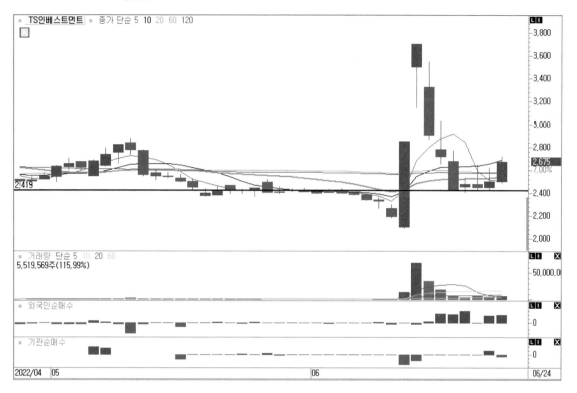

연속 지지캔들 이후 오늘 7%대의 반등이 나왔습니다. 데이트레이딩에서 큰 반등은 아닙니다. 매매를 못 했을 수도 있겠죠. 그런데 완성된 차트를 보니 지지캔들의 가격대를 이겨내고 올라줬습니다. 매물을 소화한 것입니다. 앞에서 이런 종목이 상승하면 전고점 부근까지 매매구간이 열린다고 했죠. 오늘 상승은 크지 않지만, 아직 시작이 아닙니다. 장대양봉이나 강한 상승이 남아 있을 수 있습니다. 버리지 말고 계속 노려야 합니다.

차트4

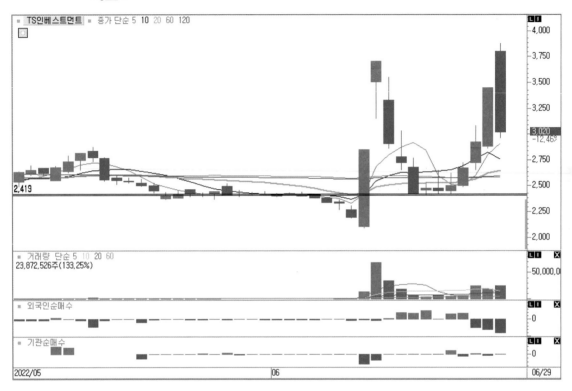

역시 상승해줍니다. 장대양봉이 만들어지고 전고점 부근까지 주가를 갭상승시킨 다음 장대음봉으로 떨어집니다.

지지 캔들부터 노리고 매매했다면 최소 1% 이상은 먹었겠죠. 1%가 아니라 20% 이상의 수익도 가능했을 것입니다.

미리 상승패턴을 알고 종목을 찾아 노리고 있었다면 당일 상승 종목을 보고 매매하는 것보다 훨씬 안정적이고 높은 수익이 가능합니다.

이 종목에서 20% 이상 벌었든, 1%를 벌었든 중요한 것이 아닙니다. 이런 종목은 계속 나오거든요. 다음에 이런 종목을 발굴하고 수익을 낼 수 있느냐가 중요한 것이죠.

매일 매일 우리가 수익 낼 수 있는 종목은 나옵니다. 그 종목으로 수익을 올리기 위해서는 꾸준한 연습이 필요합니다.

HRS

차트1

이 종목은 하락 후에 반등을 시도합니다. 완만한 상승을 하지만 결정적인 한 방은 없습니다. 더 이상 상승하지 못하고 다시 하락합니다.

실전에서는 이런 종목이 무섭습니다. 하락을 멈추고 상승하면 매도하지 못한 투자자는 이제 반등한다는 기대감으로 매도를 못 합니다.

그런데 그런 기대감에 부응하지 못하고 주가가 밀리기 시작하면 다시 바닥을 뚫고 내려가는 경우가 종종 있습니다. 그러면 매도로 대응해야 하는데, 매도를 못 합니다. 다시 반등 나오기를 기다리면서 하염없이 손실을 떠안고 주식시장을 떠나지도 못합니다.

이러한 상황이 되기 전에 반드시 손절로 대응하는 습관을 길러야 합니다.

차트2

하염없이 하락하던 주가가 어느 순간 하락하지 않고 반등 시도가 나오고 있습니다. 최근 3일간을 살펴보겠습니다.

첫 번째, 더 이상 하락하지 않고 멈추는 도지양봉이 나오죠. 이거 하나 가지고는 바닥을 확인할 수 없습니다. 앞에서도 보면 연속 도지캔들이 나왔음에도 불구하고 하락했거든요.

그런데 어제 주가의 움직임이 좋아 보입니다. 일단 장 중에 장대양봉이 나옵니다. 주가가 하염없이 흘러내리고 있는 상황에서 주가를 상승시키는 시도가 나옵니다. 거래량도 많이 늘어났죠.

주가가 크게 하락한 상황에서 세력이 개입된 매집일 수도 있고, 재료에 의한 일시적인 상승일 수도 있습니다. 어느 상황인지 판단하기 어렵지만 일단 눈여겨볼 만한 움직임입니다.

그런데 오늘 위꼬리를 극복하는 캔들이 나왔습니다. 장 중 반등을 지켜보고 매수에 가담했던 물량을 소화해주고 있습니다. 이럴 때 저가 매수세에 의한 반등이 일어날 경우가 많습니다.

어제 장 중 상승이 의미 없는 반등이었다면 오늘 매물을 소화해줄 필요가 없지요.

차트3

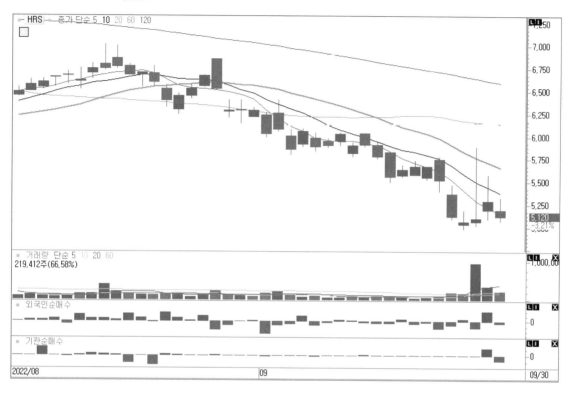

그런데 오늘은 다시 하락하죠. 위꼬리를 극복하는 양봉을 기대할 시점
인데, 하락 음봉이 나왔거든요. 이런 경우가 문제입니다.

보통은 상승을 기대하고 있다고 이 종목을 포기합니다. 갈 자리에 안
가니까 아닌가 싶어 공략 종목에서 지워버리는 경우가 많이 있습니다.

그냥 무너지는 일도 있지만 장에 의해 쉬어가는 일도 있거든요. 그래서
바로 지우지 말고 며칠 더 관찰할 필요가 있습니다.

차트4

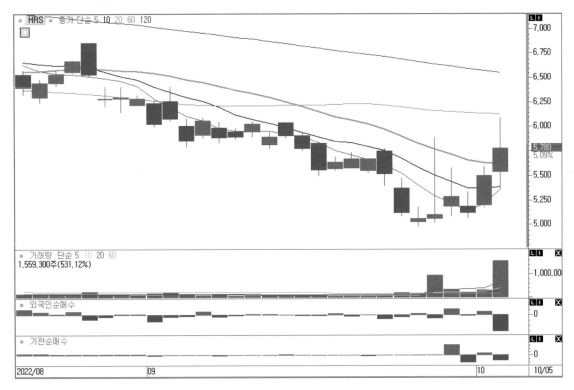

오늘 보니까 어떤가요? 위꼬리를 확실히 극복했죠. 올라가지 않는다고 바로 지웠다면 오늘의 상승을 볼 수 없었을 것입니다.

오늘 대량 거래가 터지면서 앞에 거래량 터진 날의 캔들 위꼬리를 돌파했다 밀렸습니다. 매물이 다 소화된 것이죠. 거래량을 보세요. 앞에서도 거래량이 터졌었는데 오늘은 앞의 거래량과는 비교할 수 없을 정도로 많은 거래량이 터졌습니다. 거래량이 터지는 것을 보고 장 중 데이트레이딩이 가능한 모습입니다.

앞에 물렸던 투자자의 물량을 소화해줬습니다. 그렇다면 추가적인 상승을 기대해볼 수 있겠죠. 충분히 공략할 수 있는 종목이 된 것입니다. 잘하면 단타뿐만 아니라 장대양봉도 잡을 수 있는 차트가 됐습니다.

차트5

분봉을 살펴보겠습니다. 분봉을 보니까 확실히 보이죠. 앞의 거래량 터진 위꼬리가 있는데 짧은 시간에 급등했다가 내려옵니다. 이런 경우 물린 투자자가 많지 않을 겁니다. 주가를 올릴 때 부담이 없겠죠.

시간이 지나면서 위꼬리를 향해 주가가 상승하고 있습니다. 미리 이 종목을 발굴한 투자자라면 상승 초기에 공략이 가능할 것입니다.

미리 종목을 발굴하지 못하고 장 중에 발견한 투자자라면 분봉상 고점을 돌파할 때 공략하면 됩니다. 단타로 충분한 수익을 올리고 나올 수 있는 종목이었습니다.

IBKS제17호스팩

07

차트1

이 종목의 차트를 공부해보겠습니다.

실전에서 이런 차트는 걸러야 합니다. 왜죠? 거래량이 없어요. 주가도 2,000원대입니다. 매매하기도 힘들죠. 특히 순간적인 시세 파동을 노리는 데이트레이더라면 이런 종목은 관심 종목에서도 배제해야 합니다.

그럼 이런 종목은 하지 말아야 할까요? 예. 아예 할 필요가 없습니다.

하지만 차트가 이렇게 변하면 볼 필요가 있습니다. 거래량이 터진 의미 있는 주가 움직임이 나올 때입니다.

차트2

주가가 상승하고 있습니다. 앞에서도 주가가 상승해줬죠. 그런데 앞에서는 급등하고 바로 급락합니다. 조막손 세력들이 들어와 단타 치고 빠진 모습입니다. 거래량도 없고 주가도 싸니까 조막손 세력이 개인돈 빼먹고 빠지기 좋은 종목이죠. 그외에는 의미가 없는 종목입니다.

그런데 이번에는 달라요. 한 방에 올리고 떨어지는 것이 아니라 천천히 상승하는 양봉입니다. 누군가 천천히 매집하고 있다는 것이죠. 앞에 단타 치고 빠져나간 고점이 있는데, 이런 매집이라면 고점을 돌파할 가능성이 큽니다.

차트3

확대해서 보겠습니다. 양봉이 밀집하면서 상승하고 있는데 오늘 거래량이 실린 장대양봉이 나왔습니다. 이건 장 중 거래량 상위 종목에서 포착해서 단타를 해야죠. 오늘 처음 움직이고 위꼬리가 생겼기 때문에 내일 위꼬리를 극복하기 위해 양봉이 나올 가능성이 큽니다. 그래야 매집세력이 털고 남는 장사가 되니까요. 내일 다시 공략 준비합니다.

차트4

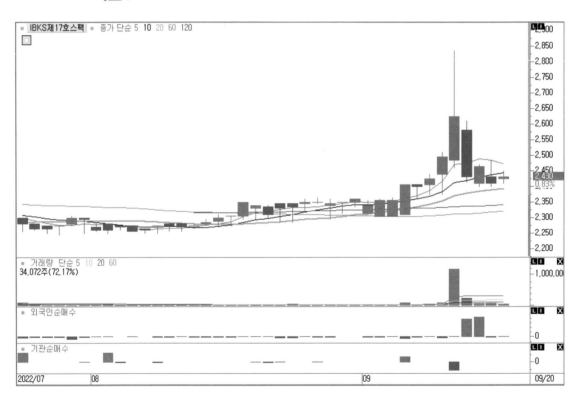

위꼬리를 극복하는 양봉이 나올 것을 기대하고 기다리고 있는데, 이게 예상과 다르게 움직였습니다. 갭하락 음봉으로 떨어집니다.

바로 주식투자 성공과 실패가 갈립니다. 예측과 다르게 움직이면 어떻게 할 것이냐는 것이죠. 주식은 어쩔 수 없이 예측해야 합니다. 예측과 달리 주가가 움직일 때는 그것에 맞게 대응하면 됩니다. 그런데 예상과 다르게 움직일 경우, 이번처럼 하락하면 어떻게 대응해야 할까요?

보통은 예상과 달리 움직이면 빠르게 손절로 대응해야 하는데, 매수자들은 기다려봅니다. 여기서 다 실패합니다. 반등하지 않을까 하는 기대감으로 매도 시기를 놓치면서 1%에서 끊을 것을 5% 이상의 손실로 가져갑니다.

여기서 트레이더들이 실패의 길로 들어섭니다. 성공 트레이더가 되려면 빨리 끊는 훈련을 해야 합니다.

이 종목은 갭하락 출발합니다. 하락 출발하니까 덤비면 안 되겠죠. 상승을 노려야 하는데 갭하락이면 일단 관망해야 합니다. 갭하락 후에 반등 못 하고 더 떨어지고 있죠. 그러면 버리는 겁니다. 여기서 덤비면 하수인 것이죠. 이후 주가가 더 이상 하락하지 않고 옆으로 횡보합니다.

차트5

주가가 횡보하더니 다시 반등합니다. 이후 며칠간 주가가 장 중에 변동이 심하죠. 매일 단타 구간이 열리고 있습니다.

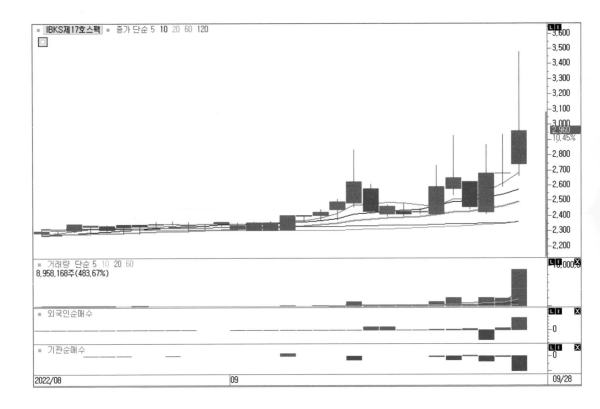

이런 경우는 앞에 들어왔던 단타 세력이 빠져나가지 못한 상황에서 주가가 하락한 경우죠. 그렇다면 물량이 잠겨 있는 상태이고, 빠져나오기 위해서는 주가를 장 중에 흔들 수밖에 없죠.

이를 이용해서 우리는 장 중 매매합니다. 아무리 초보라도 1% 이상 먹을 구간은 나옵니다. 데이트레이더라면 이 종목에서 1% 이상을 건지고 나와야 하는 겁니다. 숙달된 트레이더라면 10% 이상은 먹고 나왔을 것입니다.

차트6

분봉을 보겠습니다. 충분히 진입할 수 있는 구간이 열려 있죠. 차트를 읽을 수 있다면 더 이상 하락하지 않는 바닥 구간이라 판단하고 진입하여 스윙매매로 수익을 올리고 나오면 됩니다. 이 경우 단타보다는 수익이 높겠죠. 만약 장 중에 발견했다면 고점 앞의 위꼬리를 거래량이 실리면서 돌파할 때 들어가 수익을 올리고 나오는 매매법도 좋습니다.

많이 못 벌었다고 아쉬워할 필요 없습니다. 종목은 계속 나옵니다. 한 종목이라도 수익을 내고 나오는 것이 중요합니다.

Day Trading...

실전에는 우리가 예상하지 못한 주가 움직임이 많습니다. 우리가 주가 패턴을 공부하지만 패턴대로 주가가 움직이지 않는 경우가 많습니다. 만약 패턴대로 주가가 움직인다면 주식시장에서 누구나 큰돈을 벌었을 것입니다. 그럼 패턴 공부가 필요없을까요? 아니죠. 패턴을 알아야 불확실한 주가 움직임을 조금이나마 분석할 수 있습니다.

chapter 3

수익은 여기서 나온다

01 iMBC

차트1

차트를 보면 앞에서 주가가 급락하죠. 하락 후 바닥권에서 움직이고 있습니다.

이러한 경우는 실전에는 접근하면 안 됩니다. 그런데 최근 주가 움직임이 이상합니다. 주가 변동이 거의 없다가 요즘 들어 반등 시도합니다. 물론 위꼬리가 길게 달리면서 상승 추세를 만들어내지는 못하고 있습니다.

주가가 매일 상승 시도하는데 올라가지는 못하고 있어요. 장 중 단타가 일단 가능합니다. 일단 먹을 수 있으면 먹고 나와야 하죠.

그러나 전체 차트를 놓고 보면 아무 이유 없이 움직이지는 않을 겁니다. 그야말로 조막손 세력이 들어와 장 중 단타를 치고 있는 것일지도 모르고, 아니면 우리가 모르는 재료가 있어 세력에 급하게 매집하고 있는 것일지도 모르죠.

중요한 것은 분명히 뭔가 있다는 겁니다. 우리가 세력이 아니기 때문에 차트를 보고 이러한 분위기를 감지해야 합니다.

차트2

이상하다 싶었는데 바로 상한가가 나왔습니다. 혼자 개인 매매를 하는 투자자가 어떤 종목에 세력이 개입됐는지, 아니면 재료가 있는지 알 수 없습니다. 그래서 개인투자자는 어쩔 수 없이 차트에 의존할 수밖에 없습니다. 당연히 정확도는 떨어질 수밖에 없습니다. 그러나 차트는 조금 깊이 볼 줄 안다면 조금이나마 힌트를 주는 종목을 찾을 수 있습니다.

문제는 발굴한 종목이 정말 상승할지는 모른다는 겁니다. 그래서 장 중에 집중해서 관찰해야 하고, 어쩔 수 없이 단타를 하게 되는 겁니다.

차트3

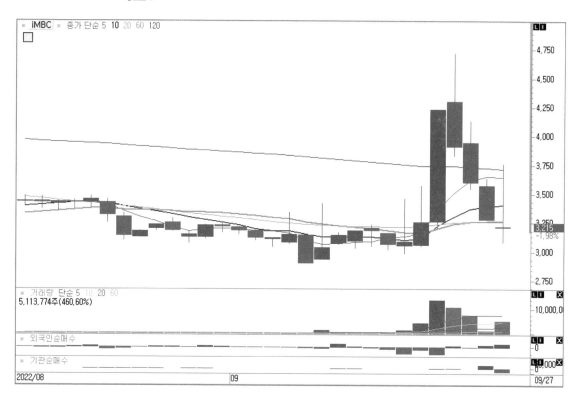

상한가 다음날을 살펴보겠습니다. 주가가 연속 급등하는 것 같더니 장

중 매물을 이겨내지 못하고 밀려 내려옵니다. 2일간 주가만 보면 양음패

턴이 완성된 것이죠. 재료가 살아 있거나 세력이 아직 남아 있다면 다음

날 상승하여 양음양패턴이 완성될 수 있습니다. 그러나 다음날 집중해서

봐야겠죠. 그런데 장 중에는 양음양이 나오는 것 같았지만 상승하지 못하고 그냥 무너져 버렸습니다. 장 중에 양음양을 예상하고 공격했다 하더라도 차트가 무너지면 바로 빠져나와야 합니다. 단타로 성공하려면 생각에 유연성이 있어야 합니다.

차트4

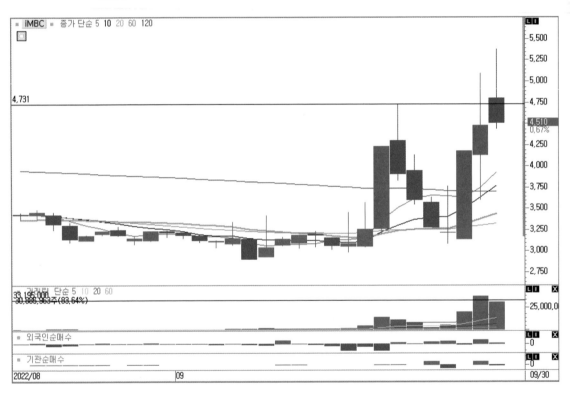

그런데 주가가 계속 무너지면서 음봉이 상한가를 다 덮어 버립니다. 주가가 다시 제자리로 돌아왔습니다.

보통은 여기서 포기해버리죠. 그런데 이 종목은 모두가 포기했을 때 다시 장대양봉이 나옵니다. 그리고 앞의 전고점을 뚫고 상승까지 합니다.

실전에서 이런 경우가 의외로 많습니다. 그래서 한 번 급상승한 종목이 무너져 내리면 바로 버리지 말고 며칠간은 관찰할 필요가 있습니다.

상한가가 나오는 동안 진입하여 얼마라도 먹고 나올 수 있으니까요.

차트5

분봉입니다. 앞에 상승 이후 계속 하락하다 전고점보다 훨씬 많은 거래량이 실리면서 상승합니다. 단타를 하고 싶다면 당연히 호가창과 분봉에서 들어오는 거래량을 확인하고 매수에 가담해야 합니다.

지금도 이런 종목들이 실전에서 자주 나오고 있습니다. 다만 아직 못 찾아냈을 뿐이죠. 실전에서 발굴하여 매매해 보시기 바랍니다.

02 SCI평가정보

차트1

이 차트를 분석해보겠습니다. 앞에 보면 주가가 급락했다가 바로 회복해버리죠. 강한 힘으로 주가가 상승합니다. 하지만 거기까지입니다. 그 이상 주가가 상승하지 못하고 주가가 거래량 없이 횡보하고 있습니다.

주가가 급락하자 주가 방어 세력이 개입했지만, 주가를 띄우는 것이 목적이 아니라 방어가 목적이라 더 이상 상승하지 않고 옆으로 횡보합니다.

만약 다시 급락한다면 다시 방어 세력이 들어오겠죠.

차트2

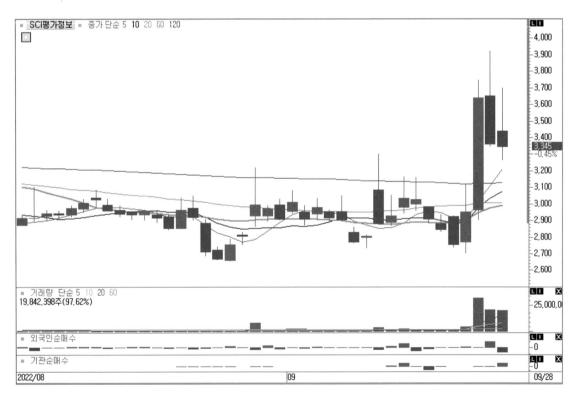

주가가 거래량도 없이 완만히 횡보하다 최근 갑자기 장대양봉이 나옵니다. 아무 변화 없던 종목에서 장대양봉이 나오면 주목할 필요가 있습니다.

단타세력이 들어와 하루 먹고 빠져서 나갈 수도 있지만 추가 상승하면 수익을 낼 수 있는 종목이 되기 때문에 놓쳐서는 안 됩니다.

그런데 장대양봉 이후 2일 연속 하락합니다. 이거만 보면 단타세력이 들어왔다 빠져나간 것으로 보입니다.

하지만 차트만 보면 양음패턴이 나온 것이기 때문에 바로 버리지 말고 조금 더 지켜볼 필요가 있습니다.

차트3

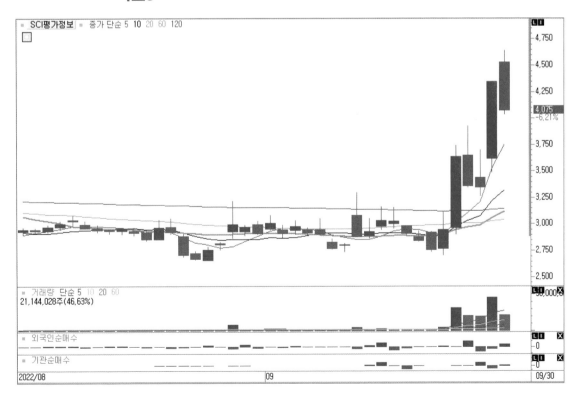

바로 상한가가 나와 버립니다. 이건 예상하지 못했습니다. 가능성은 있었지만 차트만 보면 상한가 나올 정도는 아니었거든요.

실전에는 우리가 예상하지 못한 주가 움직임이 많습니다. 우리는 주가 패턴을 공부하지만, 주가가 패턴대로 움직이지 않는 경우가 많습니다. 만약 패턴대로 주가가 움직인다면 주식시장에서 누구나 큰돈을 벌었을 것입니다.

그럼 패턴 공부가 필요없을까요? 아니죠. 패턴을 알아야 불확실한 주가 움직임을 조금이나마 분석할 수 있습니다.

아주 초보들은 왜 주가가 공부한 대로 안 움직이냐고, 엉터리라고 항의하는 사람도 있습니다. 이래서 초보들하고 말을 섞으면 안 돼요. 미국 사람보고 왜 영어책대로 말하지 않냐고 항의하는 거나 똑같습니다.

차트는 투자자의 매매를 실시간으로 반영하는 지표입니다. 이를 통해 투자자의 마음을 읽고 대응해야 하는 것이죠. 할 줄 알면 돈을 버는 것이고, 못하고 따지기만 하면 '주식투자 절대로 하지 마라'라는 소리나 하는 겁니다.

차트4

분봉입니다. 주가가 상승 후 완만히 하락하다 다시 상승시켜 버리죠.
눌림목 이후 장대양봉을 만들어 낼 때 짧은 시간에 급등시킨 것이 아니라
천천히 물량을 소화하면서 올려주고 있습니다.

초보라도 공략할 수 있는 종목이죠. 혹시 이 종목을 미리 발굴하지 못
했다 하더라도 장 중 상승률 상위 종목을 통하여 발굴하고, 빠른 차트 분
석으로 매매 대응하면 됩니다. 많이는 먹지 못하더라도 단타매매로 알토
란 같은 수익을 올릴 수 있을 것입니다.

STX

03

차트1

이 종목은 주가가 하락합니다. 4,000원대의 주가가 3,000원 초반으로 내려갑니다. 이후 반등에 성공합니다. 그리고 다시 하락합니다.

보통 시장 상황이 안 좋을 때 주가가 하락했다가 분위기가 좋아지면 반등하는 경우가 많이 있거든요. 하락장에 많이 나오는 패턴입니다.

매매에 자신이 없다면 하락장에서는 쉬는 것이 정답입니다. 그러나 무작정 쉴 수만은 없겠죠. 시장 분위기를 계속 파악하고 있다가 일시적인 반등이 일어날 때 수익을 낼 필요가 있습니다. 안 그러면 1년 내내 매매 타이밍이 없을 수도 있습니다.

하락장 중에 일시적인 반등에서 이익을 얻으려면 어떤 상황이든 시장을 깊이 관찰할 필요가 있습니다.

차트2

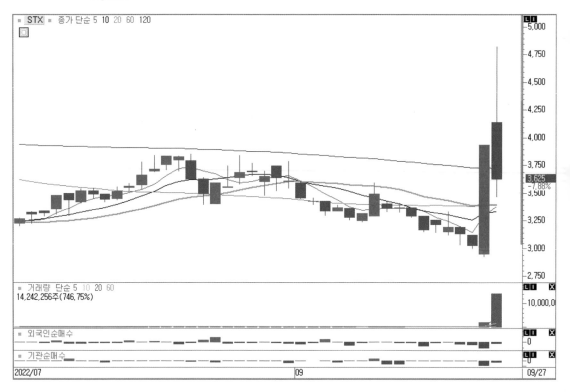

반등 기미가 전혀 없이 하락하다가 갑자기 장대양봉이 나옵니다. 이런 경우 대부분 일시적인 반등인 경우가 많습니다. 그렇다면 추가 상승 없이 다음날 조금 상승하다 하락합니다.

그런데 재료가 터지면서 나온 장대양봉이라면 얘기는 달라집니다. 장대양봉 이후에도 계속 주가가 출렁거립니다. 단타매매를 한다고 하면 절대 놓쳐서는 안 되는 종목이죠.

차트3

이 종목은 갭상승 이후 쭉 상승합니다. 상한가에 안착할 것처럼 강한 상승을 보여줍니다. 그런데 이게 웬일!

고점에서 버티지 못하고 바로 급락해버리네요. 단타뿐만 아니라 주식 투자가 어려운 것이 바로 이런 경우입니다.

다시 상한가 갈 것처럼 올라가서 따라붙었는데 순식간에 하락해버리는 것이죠. 여기서 고수하고 하수가 갈립니다.

고수를 아니다 싶으면 뒤도 안 돌아버리고 시장에 물량을 던져버립니

다. 하수는 어떡하지 망설이다 손실이 커진 상태에서 물량을 던져버립니

다. 1% 먹자고 공략했는데 손실이 3%가 넘어가면 단타의 의미가 없죠.

주식투자를 본격적으로 하기 전에 이것부터 연습하고 시작하세요.

차트4

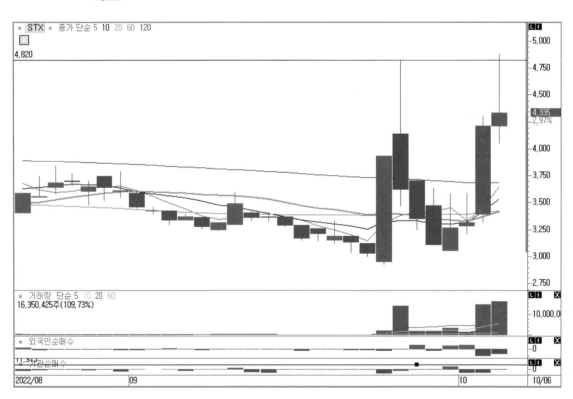

주가가 상한가를 더 무너뜨리고 다시 제자리로 돌아갔네요. 그런데 일시적으로 급등한 종목이 바로 제자리로 돌아가면 되돌림 파동이 나오는 경우가 있어요. 일종의 패턴이라고도 할 수 있겠죠.

그러니 이런 종목의 주가가 제자리로 돌아간다고 바로 버리지 말고 며칠 더 추적해서 관찰할 필요가 있습니다. 되돌림 파동이 나오면 좋은 공략 지점이 나오거든요.

이 종목이 바로 좋은 예입니다. 다시 주가를 올려버리죠. 전고점까지 올려버립니다. 3,000원 초반에서 4,000원 후반까지 상승하면서 먹고 나올 수 있는 구간이 열렸습니다. 순발력 있는 투자자라면 당연히 먹고 나와야 하겠습니다.

차트5

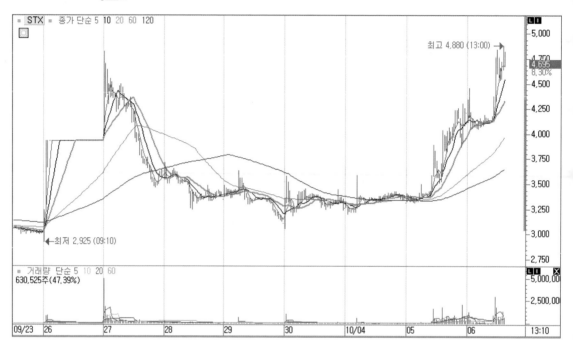

분봉입니다. 완전히 끝났다 싶었는데 갑자기 바로 쭉 올려버리죠. 우리

가 방심한 사이 세력은 시세 게임을 시작합니다. 이를 잡으면 성공투자자

가 되는 것이고, 놓치면 구경꾼이 되는 겁니다.

04 글로벌에스엠

차트1

차트를 보면 앞에 단기 파동이 있죠. 이후에는 완전히 버려졌습니다. 횡보하다가 하락하기 시작합니다. 거래량 없이 매일 천천히 하락합니다. 보유하고 있는 투자자라면 매도해야 하는데 매일 천천히 하락하니 '이 정도면 반등하지 않을까'라는 기대감으로 매도를 못 하는 경우가 많이 있습니다.

손절 기준을 벗어났을 때 바로 매도하지 않으면 이런 꼴이 납니다.

차트2

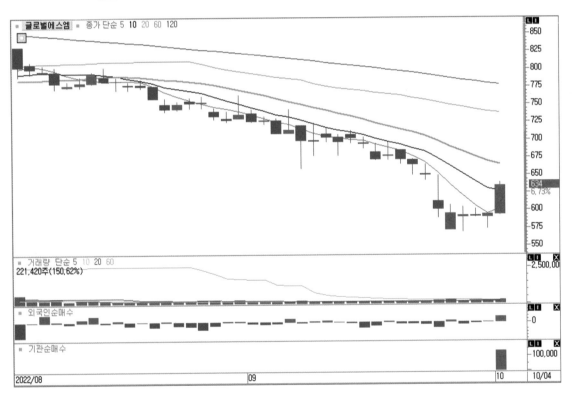

그런데 최근 며칠간 더 이상 하락하지 않더니 오늘 모처럼 양봉이 나옵니다. 바닥 기대감이 생깁니다. 이제 관심을 두면 됩니다.

미리 관심을 두고 있었으면 손실이었다가 이제 조금 만회한 수준이 되겠죠. 이제 보면 되는데 완전히 반대로 매매를 하는 겁니다.

차트3

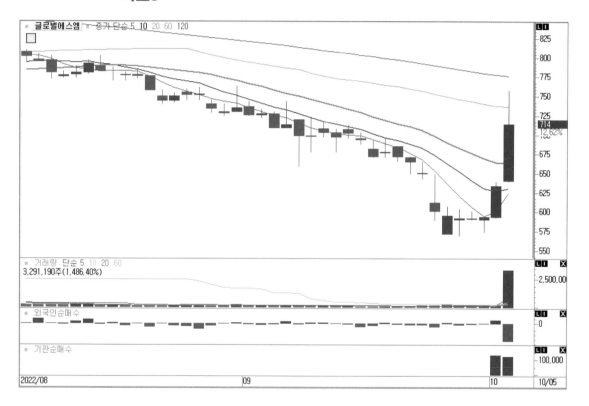

오늘도 상승이 나와주죠. 단타 구간이 열렸습니다. 오랜 기간 완전히 버렸던 종목에서 반등 시도가 나와주고 상승에 성공합니다. 이때 매매하면 됩니다.

어차피 단기매매라면 반등 구간에서 한 입 먹고 나오는 것이기 때문에 순간 포착만 잘하면 됩니다. 더 이상 먹으려고 할 필요가 없으니 유연하게 대응하면 됩니다.

차트4

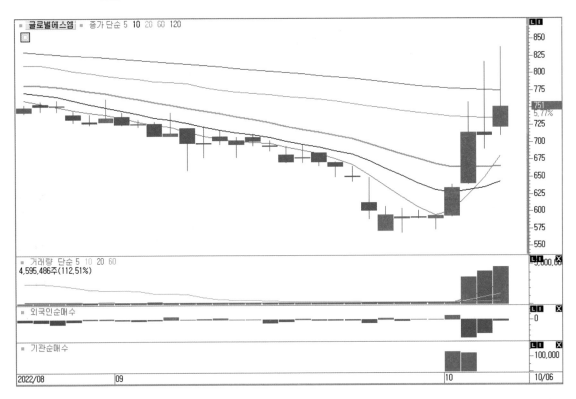

장대양봉 이후를 볼까요. 장 중에 계속 상승 시도합니다. 위꼬리가 길어요. 장 중에 주가가 올라갔다가 밀리는 거죠. 매물이 많다는 거예요.

만약 보유하고 있었다면 수익을 다 토해내는 것이죠. 하지만 반등 시 한 입 먹고 나오는 전략이라면 다르죠. 수익을 올리고 빠져나오는 겁니다.

이 종목에서 대박을 내야 한다는 생각만 없다면 얼마든지 먹고 나올 수 있는 종목입니다.

다음날도 반등 시도합니다. 충분히 수익이 나겠죠.

차트5

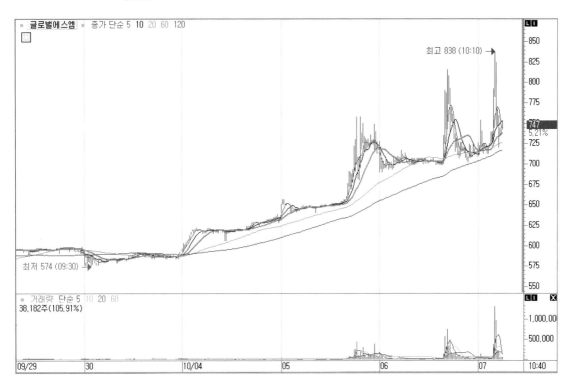

분봉입니다. 주가가 상승하는 동안 완만히 상승했다가 급격히 오르고 밀리고가 보이죠. 충분히 먹고 빠져나올 수 있는 구간을 열어줬습니다.

눌림목 때 기다렸다가 거래량 터질 때 빠르게 치고 빠지면 되는 종목이었습니다.

차트6

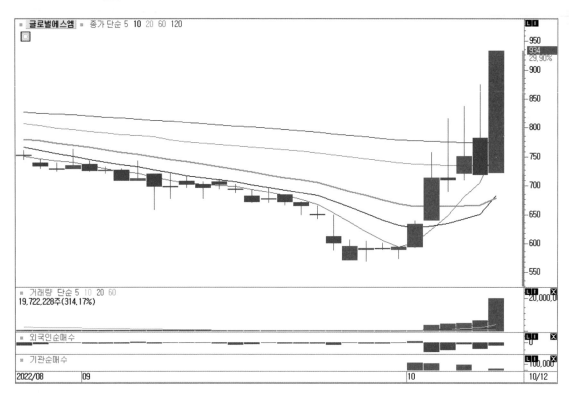

주가가 장 중에 올렸다가 계속 밀리다가 오늘 상한가가 나왔습니다. 이 종목을 놓치지 않고 매일 단타를 쳤던 투자자라면 오늘도 공략할 수 있었 겠죠. 분봉을 보겠습니다.

차트7

주가가 장 중에 급등했다 밀렸다가 했는데, 오늘은 상한가까지 쭉 끌어 올립니다.

장 중에 급등하는 모습이 계속 연출되는 종목이라면 충분히 하락할 때까지 기다렸다가 거래량 실릴 때 진입했다면 큰 수익이 났을 겁니다.

단기매매에서 인내심은 정말 중요합니다. 주가가 올라간다고 잘못 따라 들어갔다가는 손실로 이어질 수 있습니다. 종목의 특성을 파악하여 따라 들어갈 것인지, 기다렸다 기회가 왔을 때 매수를 할 것인지 잘 파악하는 것이 실전에서 살아남는 비결이 될 것입니다.

05 데브시스터즈

차트1

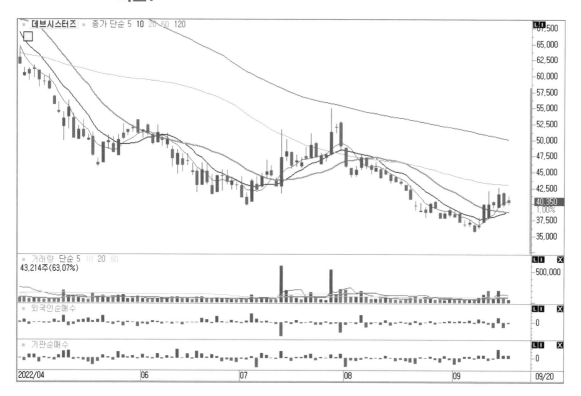

이 종목은 주가가 완전한 하락 추세에 접어든 종목이죠. 계속 주가가 하락하다가 중간에 잠시 반등해줍니다. 이후 다시 주가가 하락하여 오늘까지 왔습니다.

최근 며칠간의 주가를 살펴볼게요. 주가가 반등에 성공하고 있죠. 상당 기간 하락해서 바닥 확인이 나올 가능성이 큰 구간입니다.

최근 반등이 바닥인지는 알 수 없죠. 그러나 최근 주가 상승을 누가 만들었죠? 바로 메이저입니다. 기관투자자가 매수에 가담하여 주가를 올려놓고 있습니다.

기관이라는 세력이 주가 바닥에서 들어왔다면 완전히 망할 기업이 아니라는 것과 그들이 보기에도 이 정도면 충분히 가격 메리트가 있다고 판단한 것이죠.

당연히 노려볼 만한 종목이 되었습니다.

차트2

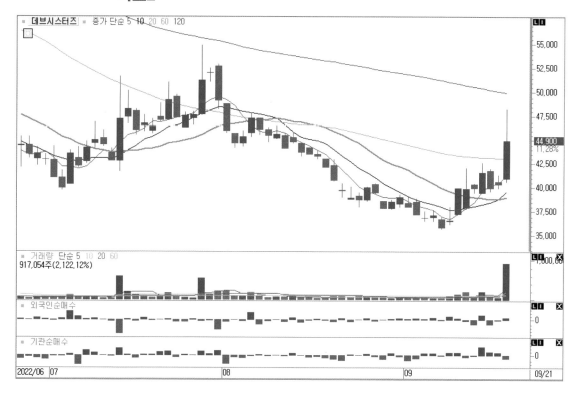

오늘 장 중에 크게 상승하여 장대양봉이 나왔습니다. 전에 없던 강력한 거래가 터지죠. 당연히 장 중 공략이 가능합니다. 이런 종목에서 수익을 올리고 나와야겠죠.

차트3

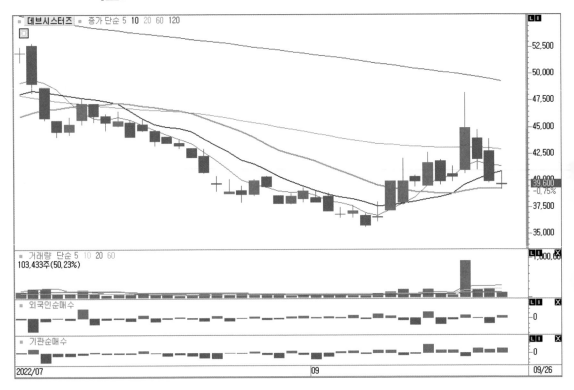

이후에는 또 못 올라가네요. 보통 기관이 매집하면 추가적인 상승이 나오는 것이 일반적인데, 이 종목은 도리어 밀립니다.

그런데 밀리는 구간을 보세요. 기관이 계속 매수하고 있습니다. 반등했다고 손 털고 나오는 것이 아니라 주가가 하락해도 계속 매수하고 있어요. 이런 경우 추가 반등할 가능성이 매우 높습니다.

하락했다고 버리는 것이 아니라 다시 공략 준비를 해야겠죠.

차트4

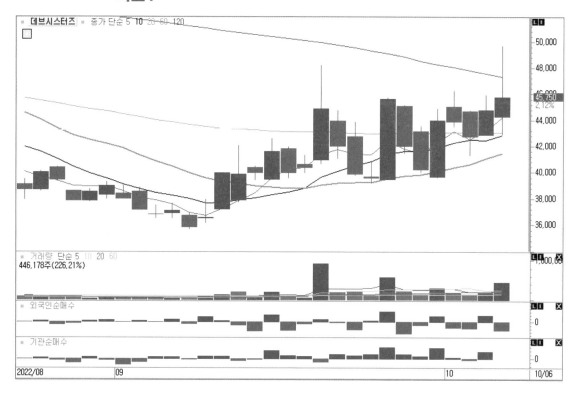

주가가 충분히 하락했다 싶으니 바로 반등해주죠. 이후에는 주가가 장중에 계속 변동이 나와주고 있습니다. 하락하면 양봉을 만들어주고, 상승했다가 하락하면 다시 양봉을 만들어주고 있습니다.

이 종목의 특성이 되어버린 거죠. 꾸준히 이 종목을 관찰하다 보면 패턴을 알 수 있어요. 아무리 초보라도 이 종목을 관찰했다면 적어도 한 번은 먹고 나올 수 있었을 것입니다.

한 번의 수익! 여기서부터 시작하는 겁니다.

차트5

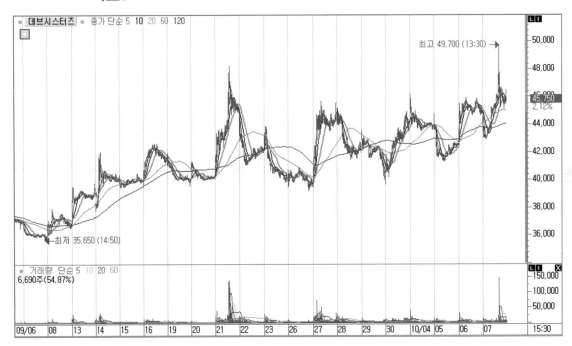

분봉입니다. 큰 그림을 보면 주가가 완만히 상승하는데, 떨어지면 상승하는 모습이 보이죠.

이런 종목을 주가가 상승했다고 따라 들어가는 것이 아니라, 충분히 하락했을 때 공략했다면 아주 효과적인 매매가 됐을 것입니다.

무슨 특별한 기법을 알아야 돈을 버는 것이 아닙니다. 어차피 매수와 매도, 이 두 가지만 잘하면 되는 겁니다. 기다리고 타이밍을 잡는 연습만 잘한다면 당신도 큰돈을 벌 수 있을 것입니다.

06 삼일제약

차트1

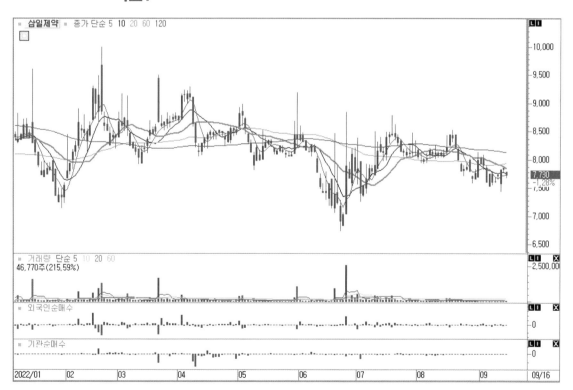

이 종목은 주가가 박스권에서 움직입니다. 그러나 다른 보통 종목처럼 완만히 상승했다가 밀리고 하는 모습이 아니라, 당일 급등 급락을 반복하고 있습니다. 전형적인 단타 세력주의 모습을 하고 있습니다.

이런 종목은 장 중 거래량 급증 종목에서 발굴했을 때 매매하면 되는데, 급등락이 심하므로 손이 정말 빨라야 매매에 성공했을 것입니다.

차트2

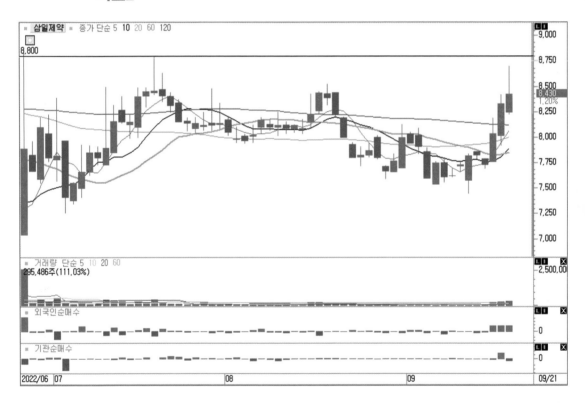

주가가 완만히 하락하다 최근 며칠간 반등하고 있습니다. 주가가 전고점까지 상승했습니다. 의미는 없지만 외국인도 들어왔습니다. 이거 냄새 나지 않나요? 세력의 냄새가 나는 것 같습니다.

일단 주가가 하루에 급등했다 하락하는 모습 없이 물량을 소화해주는 모습에 주목할 필요가 있고, 그러면서 전고점까지 물량을 소화해준 것에 더욱 주목할 필요가 있습니다.

최근 주가를 끌어올린 세력 입장에서는 앞에 전고점이 보임에도 주가를 끌어올렸다는 것은 적어도 전고점 돌파 시도는 해야 남는 장사가 되거든요.

그렇다면 전고점 돌파하고 밀린다고 하더라도 매매구간이 열리게 되는 것이죠. 당연히 공략을 준비해야 하는 종목입니다.

차트3

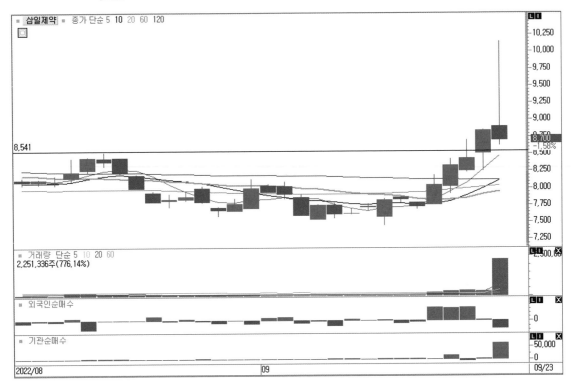

예상대로 전고점을 돌파하고 오늘 장 중에 강한 상승을 만들어냈습니다. 데이트레이더라면 이런 종목은 당연히 공략했어야 합니다.

만약 스윙매매를 한다고 하면 전고점 돌파 시도가 나왔을 때 공략해서 오늘 고점까지 들고 있었다면 큰 수익을 올렸을 것입니다. 최고 고점에는 못 팔았다 하더라도 밀리는 구간에서 매도로 대응했다면 어느 쪽 매매라도 적지 않은 수익을 올렸을 것입니다.

차트4

분봉입니다. 시간을 두고 물량을 소화하면서 올려주고 있죠. 초보라도

충분히 공략할 수 있는 종목이었습니다.

07 솔고바이오

차트1

이 종목은 전형적인 하락 추세 종목이죠. 데이트레이딩뿐만 아니라 장기투자도 건드려서는 안 되는 종목입니다.

주가가 500원짜리 동전 하나만도 못하니 장기투자자가 절대 건드려서는 안 되는 종목이죠.

이런 종목을 누가 가지고 있을까 생각이 들 수도 있겠지만 누군가 가지고 있고, 사는 사람이 있으니 거래가 되는 것이죠.

데이트레이딩은 상관이 없습니다. 500원짜리 종목이라도 한 입 먹을 수 있는 구간이 열리면 공략할 수 있습니다. 그러나 이 종목은 최근 몇 달간 그런 구간이 전혀 없습니다.

누구도 건드려서는 안 되는 종목이죠.

차트2

언제 상장폐지 돼도 이상하지 않을 정도로 주가가 하락하다가, 갑자기 장대양봉이 나옵니다. 위꼬리가 달리죠. 오늘도 주가가 올라갑니다. 역시 위꼬리가 달립니다. 중요한 것은 완전히 죽은 종목이 살아났다는 겁니다. 이런 종목이 추세 상승하려면 강력한 재료가 있어야 합니다. 장기 투자는 어렵죠. 하지만 일시적인 상승 파동을 이용한 단기매매는 가능합니다. 어제 오늘 가능했고요. 내일은 어떨까요?

위꼬리가 연속으로 달린 모습이 주가를 올릴 때 계속 매물이 나오고 있죠. 하지만 상승 파동이 일어나고 있는 종목이기에 적어도 한 번 위꼬리를 극복해 상승할 가능성이 큽니다. 내일도 공략이 가능한 종목이라는 것이죠.

차트3

적어도 위꼬리를 극복하거나 최근 며칠처럼 위꼬리 달린 상승이 나올 것이라 예상했는데 상한가가 나왔습니다. 예상보다 강력한 상승이 나왔습니다.

상승할 것으로 판단하고 노리고 있다가 거래량이 실릴 때 공략했는데 예상보다 강한 상승이 나왔다면, 추가 수익을 얻었다고 생각하고 빠져나오면 됩니다.

그런데 이 종목은 상한가입니다. 상한가에 안착했다면 그냥 들고 있어도 되고 강력한 상승이 나올 때 빠져나와도 됩니다. 중요한 것은 수익을 올리고 나오는 것입니다.

차트4

분봉입니다. 3일간의 분봉을 보면 급등했다 밀리면서 위꼬리를 만들고 있는 것을 확인할 수 있죠. 오늘은 시작부터 강한 매수세가 들어오면서 상한가에 안착했습니다. 그런데 상한가에 안착한 후 밀리죠. 그리고 다시 상한가에 안착하고 마감합니다.

매수 진입하여 상한가에 안착했다면 기분이 좋겠죠. 그런데 오전 시간에 상한가에 안착하면서 매물이 쏟아지면서 일시적으로 상한가가 풀렸습니다.

상한가가 풀렸을 때 매도한 투자자도 많았을 것입니다. 만약 그때 물량을 던지고 놓쳤다 하더라도 아까워할 필요는 없습니다.

수익을 올릴 수 있는 것에 만족하십시오. 이런 종목은 또 나옵니다. 그때 또 벌면 됩니다.

아바코

08

차트1

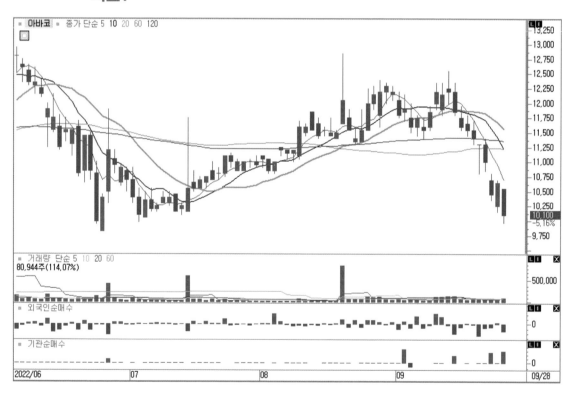

이 종목은 주가가 하락하고 2개월 정도 반등합니다.

그리고 다시 최근 들어 하락하는데, 상승 각도보다 하락 속도가 빠릅니다. 장이 좋지 않거나 악재가 있는 경우죠. 보통은 장이 안 좋을 때 많이 나오는 차트 모습입니다.

여기서는 공략할 공간이 없죠. 아직은 관심 종목 대상이 아닙니다.

차트2

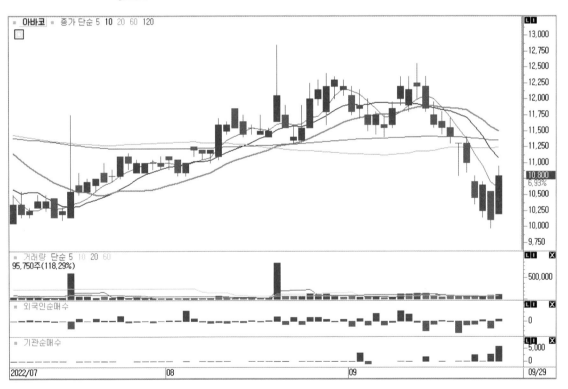

주가가 하락하다 최근 들어 반등에 성공합니다. 바닥을 찍은 모습이죠. 그런데 바닥에서 나오는 과정에 누가 매수하죠. 바로 기관입니다. 기관이 바닥을 만들고 있어요.

이런 경우 기관이 추가적인 매수를 해준다면 추가 상승이 나올 가능성이 매우 큽니다. 주가 바닥권에서 메이저가 들어왔다면 공략 대상이 되는 것이죠.

차트3

기관의 매수세가 이어지자 추가적으로 반등해주죠. 장 중 기관의 매수

에 집중해서 매수한다면 공략할 수 있는 종목입니다.

여기서 끝이 아닙니다.

차트4

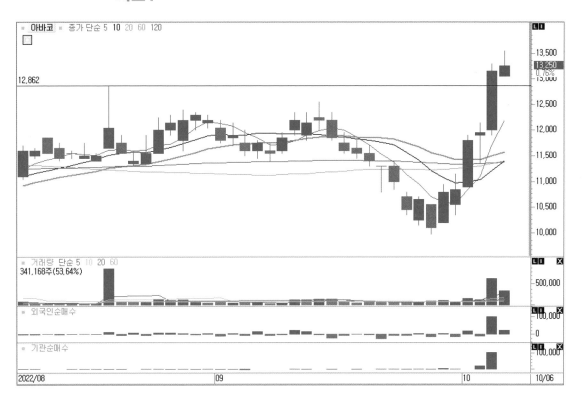

이미 주가가 바닥에서 오른 상태죠. 신규 접근이 부담스러울 수 있습니

다. 그런데 이번에는 외국인이 매수에 가담합니다. 주가가 부담스러울 수

있겠지만 외국인은 그런 거 상관하지 않고 매수에 가담합니다.

이는 기업가치가 그만큼 변했다는 것이죠. 하락 추세를 되돌리고 이미
바닥에서 어느 정도 오른 상태에서도 매수할 가치가 있다는 것입니다.

차트5

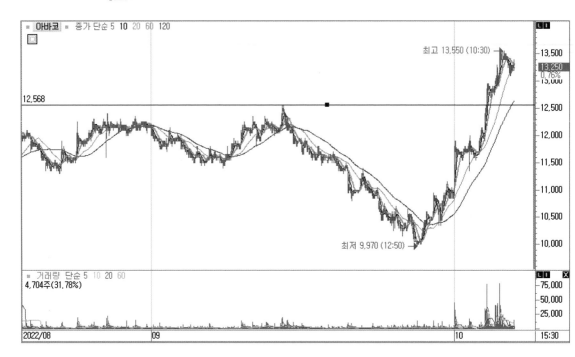

분봉을 살펴보겠습니다. 하락한 주가를 강한 상승 각도로 끌어올리고
있는 모습입니다.

외국인 기관으로 대표되는 메이저들이 매수하니 강한 상승이 나온 것

이죠.

우리가 작전세력의 움직임을 알 수는 없습니다. 그러나 쉽게 찾을 수 있는 진짜 세력이 있습니다. 바로 외국인과 기관입니다. 이들의 움직임을 파악하면 스윙매매에 가장 도움이 됩니다. 당연히 장기투자와 단기매매에도 도움이 되고요. 이들의 움직임을 잘 이용한다면 이익을 얻고 빠져나올 수 있을 것입니다.

차트6

분봉을 보면 하락할 때는 거래량이 없지만 상승할 때는 거래량이 실리는 모습이죠. 물린 물량보다 매수 물량이 더 많다는 것이죠. 손실 난 매물을 다 받아줄 만큼 강한 수급이 있다는 것이죠.

단기매매뿐만 아니라 주식투자에서 수급이 가장 중요하니 거래량을 잘 살펴보면서 매매하시기 바랍니다.

09 아스플로

차트1

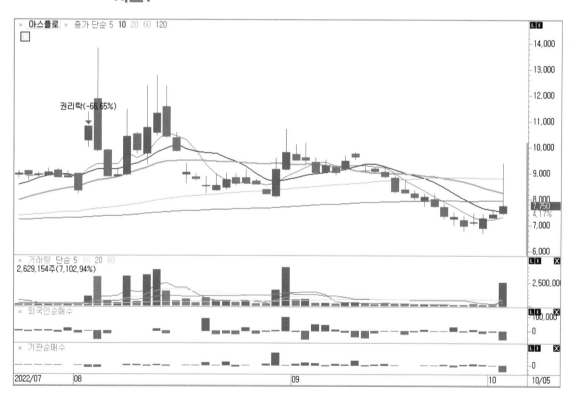

이 종목은 앞에 변화가 심한 종목이죠. 앞에서 주가가 한 번 출렁거렸던 종목입니다. 크게 오르지 못하고 떨어진 모습이 단기 세력이 들어왔던 것 같습니다. 이들이 빠져나가니까 주가는 다시 원상태로 돌아갑니다.

단기매매 할 때 가장 중요한 것은 주가가 출렁거릴 때 진입해야 한다는 겁니다. 움직임이 끝난 다음 들어가면 수익 구간이 보이지 않습니다. 기회를 줄 때 한 입 제대로 먹고 나오면 됩니다.

주가가 힘없이 미끄러지다가 오늘 장 중 장대양봉이 나와주죠. 그러나 매물이 쏟아지면서 버티지 못하고 밀린 상태에서 마감합니다.

차트2

분봉을 볼게요. 1시부터 천천히 상승하기 시작하더니 2시 이후 주가를 급등시키고 장 마감 전 급락해버립니다.

이 종목을 보면 손절이 얼마나 중요한 것인지 알 수 있습니다. 상한가 안착을 노리고 들어갔던 투자자는 순식간에 큰 손실로 이어졌을 것입니다. 어! 하는 순간에 돌이킬 수 없는 손실이 나는 것이죠

평소에 손절을 칼같이 하는 연습을 해야 하는 것은 당연하고, 이 종목처럼 변동이 심하면 투자자의 판단력으로 부족할 수 있습니다. 이를 위해 사용하는 MTS나 HTS에서 반드시 자동 손절하는 스탑로스 기능을 이용하시기 바랍니다. 손절을 위해 이중으로 준비해놓는 것이죠. 손실 나서 후회하는 것보다 훨씬 좋은 방법입니다.

차트3

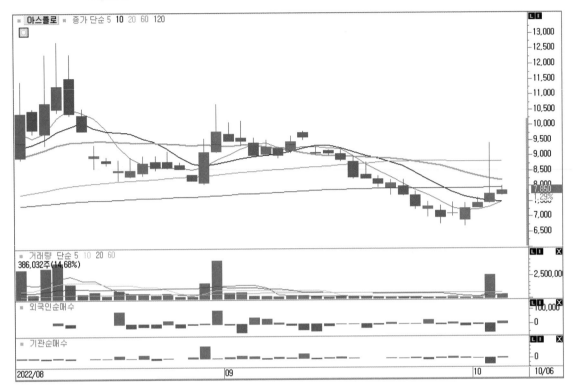

어제 장 막판 주가가 밀린 후 오늘은 주가 움직임이 거의 없습니다. 오늘도 움직임을 예상할 수 있었는데 움직이지 않았죠. 그렇다고 포기할 필요는 없습니다. 아직 시작도 안 했을 수도 있거든요. 오늘은 어제 급락에 따른 매물 소화 캔들도 이해하고 계속 매매 준비할 필요가 있습니다.

차트4

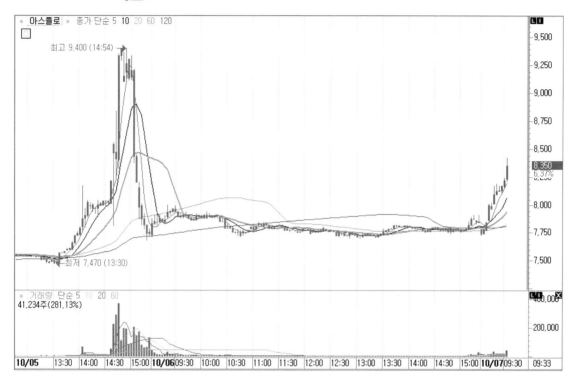

분봉입니다. 어제 급락 이후 오늘은 장 중에 거의 변화가 없어요. 기다리다 지친 매물만 소화하는 전형적인 조정 캔들로 보시면 좋을 것 같습니다. 아닐 수도 있죠. 그러나 하루 이 종목을 더 관찰한다고 돈이 드는 건 아니죠. 이 정도의 수고는 당연히 해야 합니다.

그러자 다음날 바로 상승하기 시작합니다.

차트5

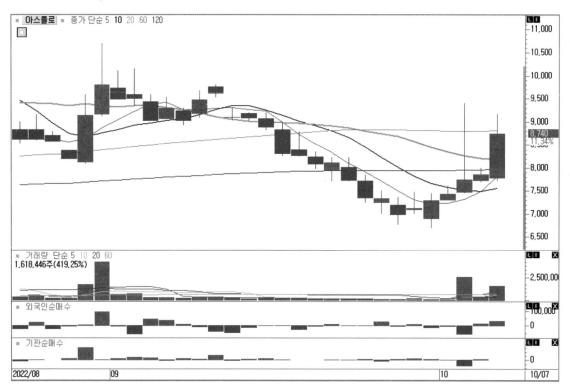

어제 쉬어간 캔들 이후 바로 주가가 상승하고 있습니다. 어제 이 종목
을 포기하고 보지 않았다면 놓쳤을 것입니다. 장이 시작하자마자 상승한
종목이기에 거래량 급증 종목에서 찾았을 때는 이미 늦었을 수 있다는 것
이죠. 그래서 좋은 종목은 미리 찾아놓고 대응하는 것이 필요합니다.

차트6

분봉입니다. 오전부터 시원하게 주가를 끌어올리고 버티고 있는 모습입니다. 오전장 거래 터질 때 따라 들어갔다면 적지 않은 수익이 가능했을 것입니다.

종목 찾는 것이 어려운 것이 아닙니다. **중요한 것은 수익을 내는 것입니다. 그래서 확률 높은 종목을 찾아야** 하는 겁니다.

주가가 횡보하면 매수자들은 주가가 반등해주기를 기다리면서 보초를 서는 경우가 대부분입니다. '이 정도 조정이면 반등해주지 않을까' 하는 기대감입니다. 기대대로 주가가 상승해주면 좋지만, 이 종목처럼 반대로 움직일 경우도 생각해야 합니다. 하지만 이때를 대비하는 투자자는 별로 없습니다. 그래서 손실은 커지고 눈물로 소주잔을 기울이게 됩니다.

chapter 4

이 정도면
나도 고수 트레이더

01 양지사

차트1

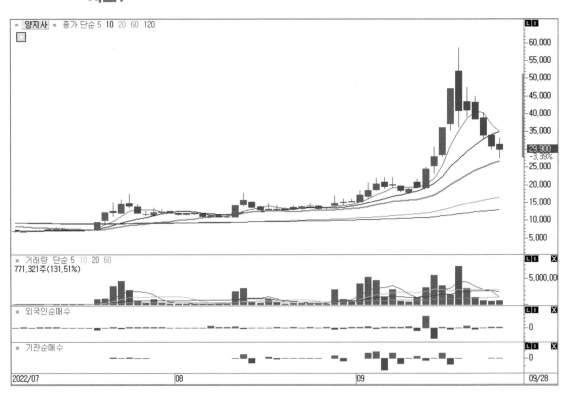

이 종목은 시세 파동이 크게 나온 종목입니다. 10,000원대에서 60,000원까지 엄청난 시세를 준 종목입니다.

대박 시세가 끝난 후 주가는 고점 대비 반토막입니다. 저점에서 잡은 투자자는 수백 퍼센트의 수익을 올렸지만, 고점에서 기대감에 매수해서 매도하지 못한 투자자는 반토막이 난 겁니다.

주식에서 대박하고 쪽박은 한 끗 차이일 수도 있습니다. 같은 종목에서 대박과 쪽박이 나옵니다.

차트2

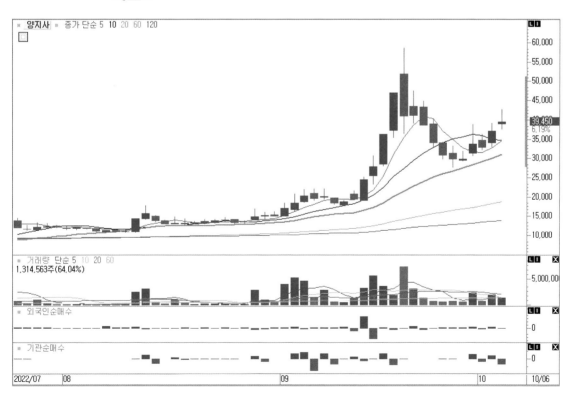

주가가 계속 하락하는 것 같더니 반등합니다. 상승 초기 가격을 생각하면 아직 비싼 가격이지만 거의 주당 10,000원의 반등이 일어납니다. 이 정도면 충분히 빠졌다고 판단한 투자자들이 몰려들면서 반등합니다.

처음 주가를 띄운 세력은 빠져나가고 청소를 위한 새로운 세력이 진입한 것이죠. 급등한 종목에서 자주 나오는 패턴입니다.

앞에 엄청난 고점에 물린 물량이 있음에도 이렇게 주가를 되돌리는 경우 전고점까지 상승하는 경우가 종종 있으므로 놓치지 말고 봐야 하는 패턴입니다.

차트3

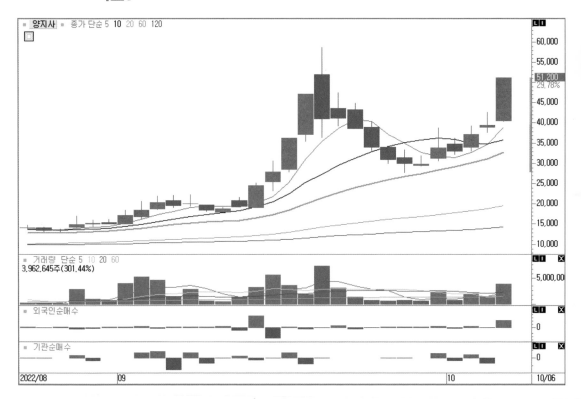

오늘 상한가가 나왔습니다. 오늘 양봉 후 며칠 안에 전고점 돌파한 후 위꼬리 달린 캔들 탄생을 예상할 수 있었는데 바로 상한가로 올려버렸습니다. 상당히 강력한 종목이라는 것이죠.

어쨌거나 우리가 노리고 있던 종목이죠. 원래는 약간의 수익을 기대하고 공략했는데 기대 이상으로 상승하여 수익이 커진 것이죠.

우리는 예측해서 종목을 고르지만, 일단 매수를 한 뒤 실전에서는 상황에 맞게 대응을 해야 합니다. 이 종목처럼 상한가로 올린다면 끝까지 수익을 챙기고, 상승하다 밀리면 빠른 손절로 대응해야 하는 것이죠.

호가창

호가창입니다. 상한가에 5만 주 물량이 쌓여 있습니다. 거래원을 볼게요. 키움증권이 매수 배도 150만 주 정도로 1위입니다. 전국 데이트레이더들의 표적이라는 것이죠. 이 중 돈을 번 투자자도 있을 것이고, 상한가에 진입했음에도 약간의 수익이나 심지어는 손절한 투자자도 있을 것입니다.

실전은 처절한 승부의 세계라는 것을 잊지 마시기 바랍니다.

차트4

분봉입니다. 오전장부터 끌어올리죠. 전날 미리 이 종목을 준비하고 있었다면 남들보다 빠르게 진입하여 수익을 극대화할 수 있었을 것입니다. 주가가 고점에 가까워질수록 변동이 심하고 수익 실현의 압박으로 상한가보다 일찍 매도했을 수도 있습니다.

중요한 것은 '이 종목을 잡을 수 있느냐'라고 했죠. 수익만 내면 된 겁니다. 미련 가질 필요 없어요.

차트5

분봉을 길게 보겠습니다. 혹시 초기에 진입 못 하고 중간에 이 종목을 발굴했다면 앞의 전고점을 돌파할 때 거래량이 실리면 매수해도 좋습니다. 그 가격에 들어가도 충분한 수익을 올릴 수 있습니다.

02 큐렉소

차트1

이 종목은 주가가 횡보하다 갑자기 급락합니다. 이렇게 급락하는 종목은 단기 악재가 나온 경우가 많습니다.

주가가 횡보하면 매수자들은 주가가 반등해주기를 기다리면서 보초를 서는 경우가 대부분입니다. '이 정도 조정이면 반등해주지 않을까' 하는 기대감입니다. 기대대로 주가가 상승해주면 좋지만, 이 종목처럼 반대로 움직일 경우도 생각해야 합니다.

하지만 이때를 대비하는 투자자는 별로 없습니다. 그래서 손실은 커지고 눈물로 소주잔을 기울이게 됩니다.

차트2

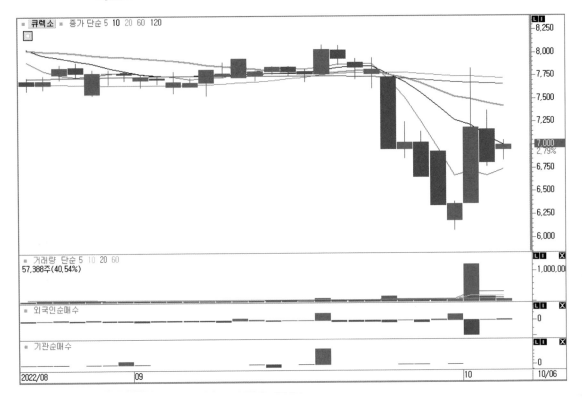

죽었구나 싶었는데 갑자기 장대양봉이 나오면서 분위기 전환에 성공합니다. 상승 종목에서 잡히면 매수해서 수익을 올리고 나오면 됩니다. 그럼 지금 상황에서는 어떻게 대응해야 할까요?

장대양봉으로 분위기 반전에는 성공했는데, 더 이상 상승하지는 못하고 있습니다.

주가가 어디쯤 있죠? 장대양봉을 훼손하지는 않았습니다. 중간쯤에 주가가 자리 잡고 있죠. 거래량은 확 줄었습니다. 그리고 단봉이지만 양봉입니다. 다시 한번 상승 시도가 나올 가능성이 큰 종목입니다.

당연히 오전장부터 매매 준비를 해야겠죠.

차트3

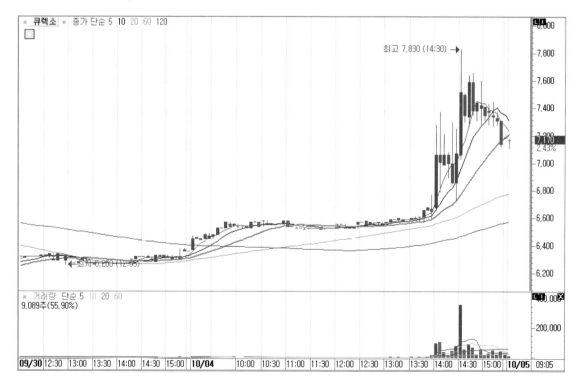

잠깐 위꼬리 장대양봉의 분봉을 살펴볼게요. 주가가 변동이 없다가 오후장에 들어 갑자기 주가가 움직이죠. 재료나 세력이 개입된 모습이죠. 당일 갑자기 급등했기 때문에 이유를 모르는 투자자의 매도 물량으로 인해 장 막판에는 밀립니다. 그리고 주가가 버티고 있단 말이죠. 아직 주가를 끌어올린 이유가 남아 있다는 뜻입니다.

차트4

주가를 급상승시킵니다. 충분히 장 중 공략할 수 있는 상승폭입니다. 단기투자자라면 수익을 올리고 나와야겠죠.

그런데 전혀 준비 없이 장 중 발굴했다면 고점에서 잡아 손절내하고 나올 수도 있습니다. 너무 늦은 타이밍에 이 종목을 볼 수 있거든요. 그래서 미리 종목을 준비해놓는 것이 중요합니다.

차트5

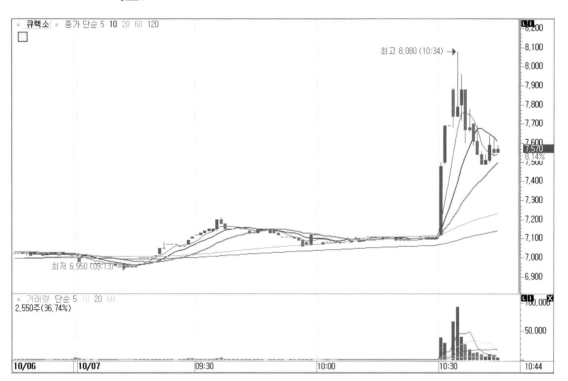

분봉입니다. 상승 기미가 전혀 없이 갑자기 급등하기 시작합니다. 장 중에 검색식에 포착된 상태라면 이미 늦었겠지요.

장 중에 종목을 찾는 것도 중요하지만 미리 내가 종목을 찾고 기다리는 것도 병행해야 합니다. 그래야 수익을 극대화하고 남들보다 한 종목이라도 더 발굴할 수 있으니까요.

차트1

이 종목을 보면 주가가 5,000원대에서 끊임없이 하락하여 1,000원대까지 떨어집니다. 매수자라면 욕이 나와도 여기기까지 견딜 수 있었을 것입니다. 그런데 정말 최악의 상황이 발생합니다. 상장폐지 사유 발생으로 거래 정지당한 것입니다.

차트를 보면 움직임이 전혀 없죠. 그야말로 언제 휴지 조각이 될지 불안한 상황이 된 것입니다.

차트2

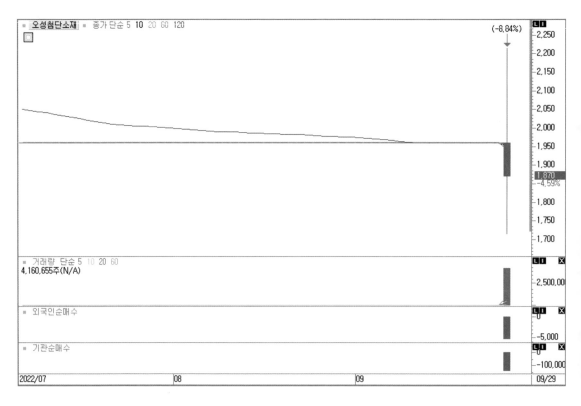

지옥 같은 시간이 지나고 거래 정지가 풀린 첫날입니다. 하루 주가 급등락 변화가 엄청납니다. 이날 수많은 데이트레이더들이 달라붙어 엄청난 거래가 붙습니다.

이런 종목을 어떻게 매매하냐 싶겠지만 수익이 있는 곳이라면 어떤 종목이든지 붙는 것이 바로 데이트레이더입니다. 그러나 이 종목은 너무 위험하죠.

장 중에 수익을 올린 트레이더도 있었겠지만, 손실이 난 트레이더도 있었을 것입니다. 그야말로 전쟁입니다.

차트3

분봉을 살펴보겠습니다. 장 시작 30분 안에 엄청난 주가 변화가 있습니다. 그야말로 30분 만에 천당과 지옥을 오가는 종목이었습니다.

사실 이런 변화는 전문 트레이더라도 감당하기 힘든 변화입니다. 자신 없으면 쉬는 것이 최고이지요.

첫날 변화가 이렇게 심하다면 다음날도 변화무쌍한 움직임을 기대해 볼 만합니다. 당연히 뛰어들 준비를 해야겠죠.

차트4

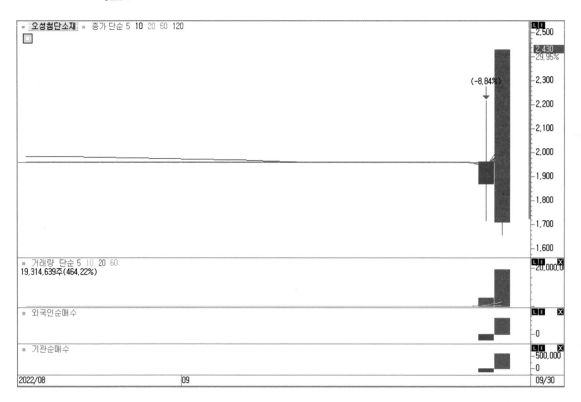

갭하락 출발하더니 바로 상한가에 안착합니다. 시가 부근에 진입했다면 30% 이상의 수익도 가능한 모습입니다. 1000만 원 매수해서 성공했다면 하루에 300만 원 수익입니다.

이 맛에 주식투자를 하는 것이죠.

차트5

분봉을 볼게요. 갭하락 출발 후에 상승하기 시작하더니 계속 오릅니다.

중간에 큰 흔들림 없이 상승하기 때문에 큰 매도 고민 없이 상한가까지

물량을 들고 있었을 것입니다.

진입만 했다면 큰 수익이 가능했던 종목이죠.

차트6

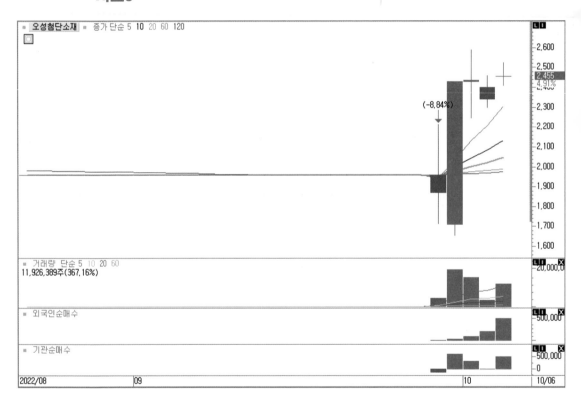

상한가 이후에는 주가가 더 이상 오르지 못합니다. 그런데 주가 움직임이 심상치 않죠. 무너지지 않고 버티고 있습니다. 보통 이런 종목은 더 이상 상승하지 못하면 무너지는 것이 일반적인데 이 종목은 그렇지 않아요. 버티고 있습니다.

수급을 보면 외국인과 기관의 쌍끌이 매수가 일어나고 있습니다. 거래 재개 후라서 약간 불안하긴 하지만 바로 버릴 종목은 아니라는 것이죠. 충분히 다시 노려볼 만한 종목입니다. 이 종목에서 수익을 올리지 못했거나 이제 이 종목을 발굴한 투자자라면 공략을 준비할 필요가 있습니다.

차트7

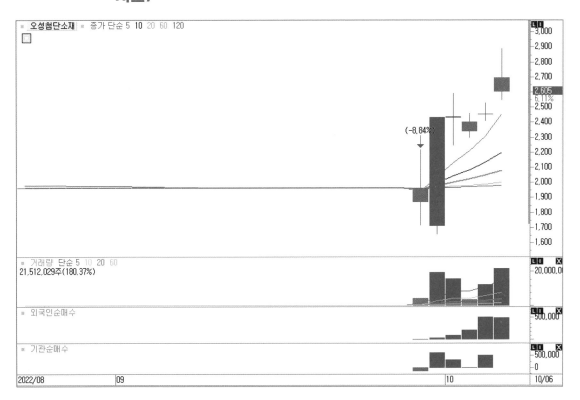

갭상승 한 다음 추가로 상승해주고 있습니다. 미리 준비해놓은 투자자라면 충분히 공략할 수 있는 종목입니다. 물론 준비해놓았다 하더라도 손이 늦으면 못 잡았겠죠. 포기하면 됩니다.

보통 한 종목만 준비해놓는 것이 아니기 때문에, 이건 아니다 싶으면 포기하고 다른 종목을 공략하면 됩니다. 아무리 종목이라도 나하고 인연이 아니라면 포기해야 합니다.

우리가 종목을 미리 준비하지만, 실전에서는 그때그때 움직임을 보고 빠르게 대응해야 합니다.

차트8

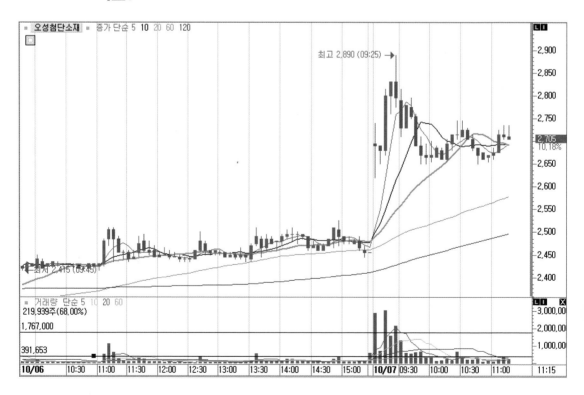

분봉을 보면 갭상승 출발하죠. 그리고 쭉 올려버립니다. 그런데 상승폭이 크지 않아요. 순간 망설였다면 이미 늦었습니다. 혹시 망설이다 고점에 잡기도 했을 것입니다. 그럴 때는 망설이지 말고 바로 손절로 대응해야 합니다.

많은 초보 투자자가 배운 대로 주가가 안 움직인다고, 예측한 대로 주가가 안 움직였다고 화를 내기도 합니다.

주가는 예측의 영역이 아니라 대응의 영역입니다. 그럼에도 불구하고 기댈 데가 없으니 확률을 높이기 위해 예측을 할 수밖에 없습니다.

실전에서 예측에 실패했거나 매수 타이밍을 잡는 데 실패했다면 빠르게 다음 대응해야 하는 것이죠.

예측대로 안 움직인다면 어떻게 할 것인지 준비해야 합니다. 대응하지 않으면 영원히 초보에서 벗어날 수 없습니다. 이걸 못 고친다면 데이트레이딩은 절대 해서는 안 됩니다. 아니 주식투자를 해서는 안 되죠. 금리가 확정된 은행으로 가는 것이 현명한 선택이 될 것입니다.

차트9

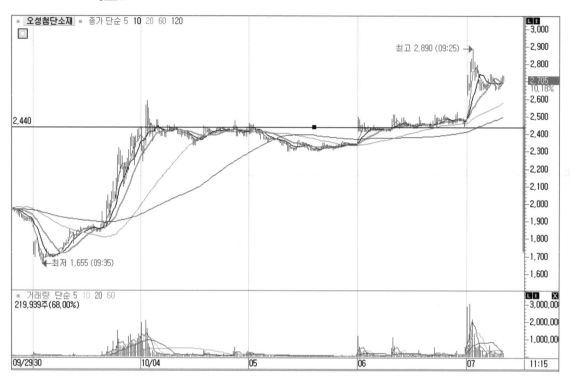

분봉입니다. 초보들은 저 횡보 가격을 돌파할 때 빠르게 들어가 한 입 먹고 나오는 연습부터 해보세요. 초보뿐만 아니라 다른 고수들도 쓰는 방법이니 잘 연습해보시기 바랍니다.

04

케어랩스

차트1

이 종목은 주가가 하락한 다음 완만히 상승합니다. 그런데 거기까지입니다. 다시 하락하기 시작하더니 전저점 부근까지 주가가 하락합니다. 그러나 아직 아무런 변화가 없죠.

주식 초보들은 이 정도면 바닥이 나오지 않나 싶어 미리 선취매하는 경우가 많이 있습니다. 매수 후 상승하면 다행이지만 또 하락하는 예도 종종 있습니다.

문제는 주가가 예상과 달리 하락하면 빨리 매도하면 되는데 그냥 들고 있어요. 주가가 하락하고 있음에도 '이 정도면 반등하지 않을까'라는 생각이 지배하게 되죠. 초보투자자는 이걸 이겨내고 손절하기가 매우 힘듭니다. 그래서 원치 않는 장기투자자가 되는 겁니다.

'이쯤에서는 반등하겠지'라는 생각에서, '이제는 본전이라도 됐으면…' 하는 생각으로 주식을 들고 있습니다. 그런데 본전이 안 되는 경우가 많아요. 이런 상황에 빠지지 않기 위해서는 반드시 손절부터 제대로 배우고 매수해야 합니다.

차트2

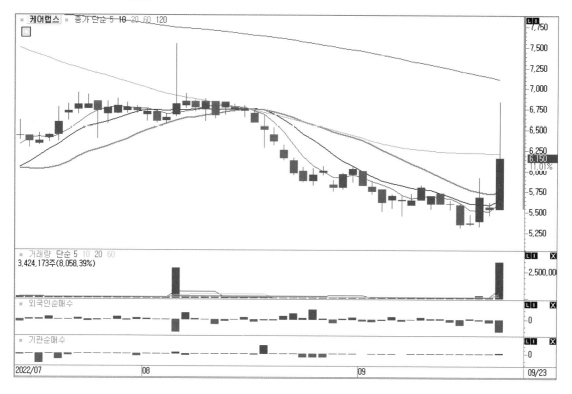

변화가 없던 종목이 오늘 장대양봉이 나왔습니다. 이제 주목하는 겁니다. 오늘 나온 장대양봉은 예측할 수 없는 곳에서 갑자기 나왔죠. 검색식에서 잡히면 매매하면 됩니다.

차트3

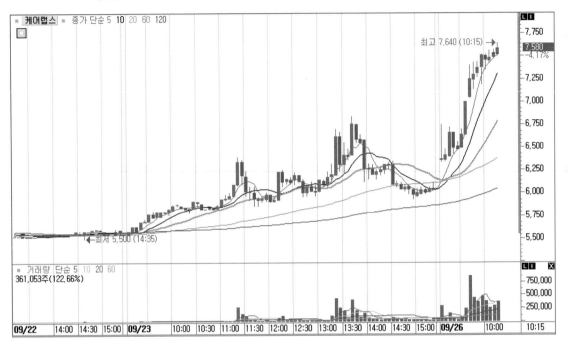

분봉을 보겠습니다. 장 중에 상승 추세를 이어가다가 막판에 밀립니다.

그리고 다음날 갭상승 출발하면서 시세를 이어갑니다.

차트4

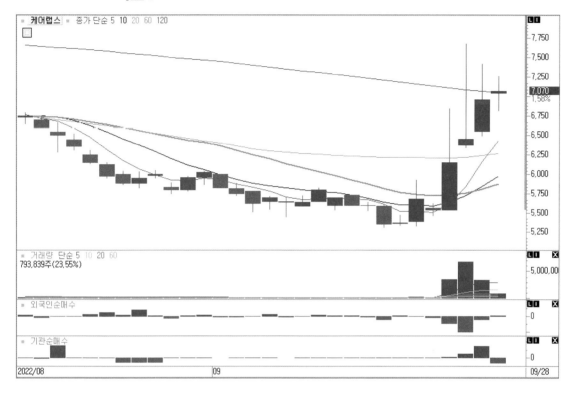

그런데 장 중에 장대양봉을 만들어놓았다가 밀리죠. 위꼬리가 길게 달립니다. 매수 후 추가 상승을 예상하고 보유하고 있다 하더라도 밀리면 가차 없이 던져버려야 합니다. 그런데 바닥권에서 연속으로 양봉이 나오는데 위꼬리가 달리는 경우가 있거든요. 그럴 때 보통 위꼬리를 극복하기 위해 다시 주가가 상승하는 경우가 있습니다. 그러니까 상승 파동이 끝난 종목이 아니라는 것이죠. 그런 차트가 나오면 추가 공략할 필요가 있습니다.

이 종목은 위꼬리를 극복하는 상승이 나와줍니다.

차트5

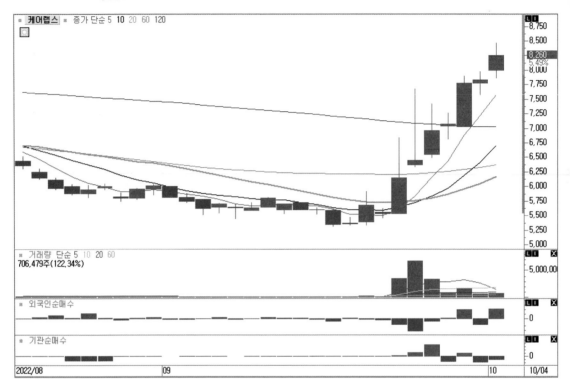

연속으로 양봉이 4개가 나왔습니다. 힘이 강하다는 겁니다. 매수세가
살아 있는 종목이라는 것이죠. 추가 상승도 가능합니다. 그래서 한 번 수
익이 났다고 버리는 것이 아니고 계속 노릴 필요가 있는 것이죠.

이 종목은 5일선을 타고 주가가 상승합니다. 스윙매매라면 매도하지
말고 보유하면서 수익을 극대화하면 좋죠. 이 경우 데이트레이딩보다 스
윙매매가 더 큰 수익을 올릴 수 있습니다.

이 종목에서 큰 수익을 올리지 못했다고 좌절할 필요는 없습니다. 데이 트레이딩의 기본은 얼마라도 꾸준히 수익을 올리는 것이 목표니까요.

차트6

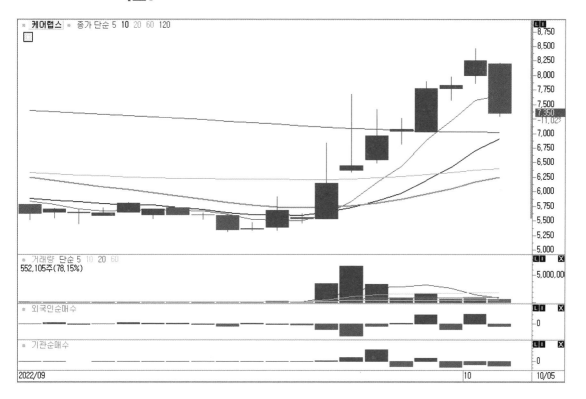

5일선을 타고 잘 가던 종목이 갑자기 11%나 하락하는 장대음봉이 나옵니다. 이런 경우 다음날이 중요합니다. 세력이 틸고 나간 경우나 악재일 때 추가적인 하락을 하겠지만, 그렇지 않고 일시적인 대량 매도세에

의한 하락이라면 다시 추세를 살리기 때문입니다. 이 종목은 장대음봉이

나왔는데 거래량이 없어요. 세력이 이탈한 흔적이 없습니다.

만약 주가가 상승한다면 전고점까지 상승할 가능성이 높으므로 내일

오전에 매수세를 확인하고 공략할 수 있습니다.

차트7

잠깐 분봉을 살펴볼게요. 장대음봉이 나온 날 분봉입니다. 장 중에 물

량을 꾸준히 처분한 흔적이 없죠. 장 막판에 갑자기 물량이 쏟아지면서

급락합니다.

　이 경우 장 막판 악재로 발생으로 하락하는 예도 있지만 큰 물량 보유

자가 막판에 던졌을 가능성이 큽니다.

　이렇게 장 막판 급락했다면 장 마감 후 어떤 뉴스가 발생했는지 확인하

고 없다면 다음날 매수세가 유입될 때 공략하며 됩니다.

차트8

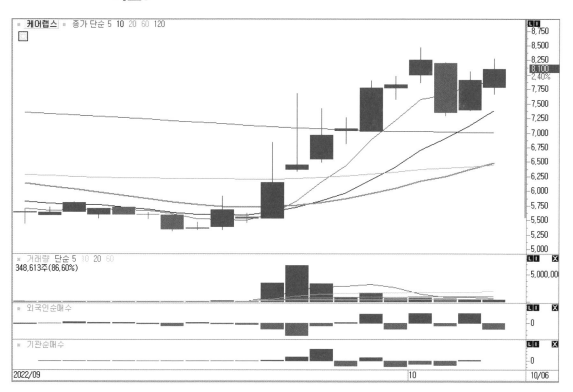

악재가 없이 일시적인 대량 물량으로 급락했다는 것이 확인되자 주가가 올라가죠. 이걸 노려서 수익을 올리는 겁니다.

주식으로 수익을 내려면 여러 가지 상황과 변수에 대한 훈련이 필요합니다. 그러면 주식시장에서 성공하는 투자자가 될 수 있을 것입니다.

차트1

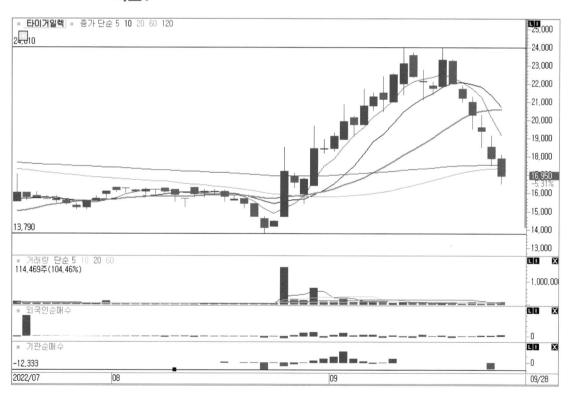

이 종목은 횡보하다 하락한 종목입니다. 그런데 갑자기 장대양봉이 나오고 주가가 급등하기 시작합니다. 재료가 나온 것이죠. 5일선을 타고 주가 상승하면서 주당 10,000원 이상 주가가 상승합니다.

상승하는 동안 매일 주가 변동은 크지 않아요. 단기매매에 적합한 종목은 아닙니다. 이런 종목은 재료를 확인하고 스윙매매로 접근해야 수익이 납니다.

작정하고 데이트레이딩만 할 수 있지만 그보다 재료를 확인하고 스윙매매를 적절히 사용한다면 훨씬 종목 수익이 가능합니다.

시세 분출 후에는 주가가 하락하면서 제자리로 돌아가고 있는 모습입니다.

차트2

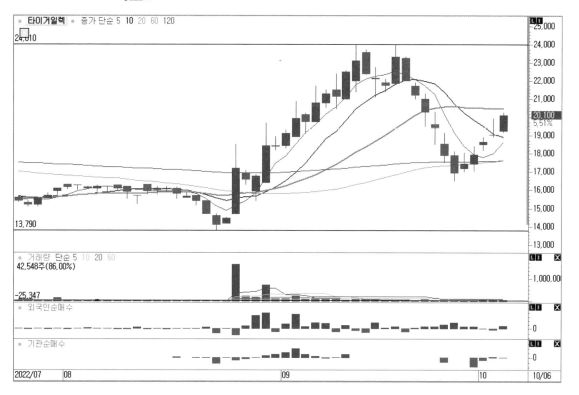

어디까지 하락하나 보고 있는데 반등에 성공하네요. 주가가 추세적인

상승을 하고 나면 하락할 수밖에 없습니다. 그러다가 중간에 이 종목처럼

반등합니다. 충분히 조정받았다고 판단한 투자자들이 몰려들면서 반등

합니다. 처음 추세 상승을 놓쳤을 경우 이러한 반등을 노리는 것도 좋은

전략입니다. 다만 시세를 주고 꺾이는 종목이기에 긴 호흡의 투자는 안

되며 기술적으로 전고점 부근까지만 보고 접근해야 합니다. 보통은 전고

점 전후로 해서 시세를 마무리하는 경우가 많습니다.

　이 종목은 하락폭의 절반까지 올라왔습니다. 그런데 무너지지 않고 양

봉이 나왔단 말이죠. 이런 경우 전고점까지 노려볼 만합니다.

차트3

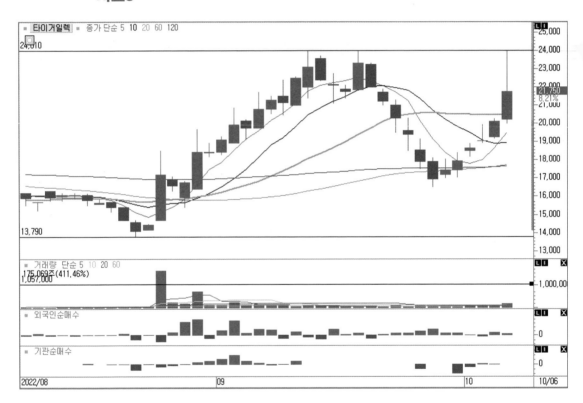

　전고점까지 주가가 올라가죠. 전고점을 딱 찍고 위꼬리를 만들고 있습

니다. 앞에서 봤죠? 이거 자주 나오는 패턴입니다. 차트만 보고도 예측할

수 있다는 것이죠. 초보 투자자라도 접근할 수 있습니다. 여러분이 할 일
은 실전에서 이런 종목을 찾아 수익을 올리는 것입니다.

차트4

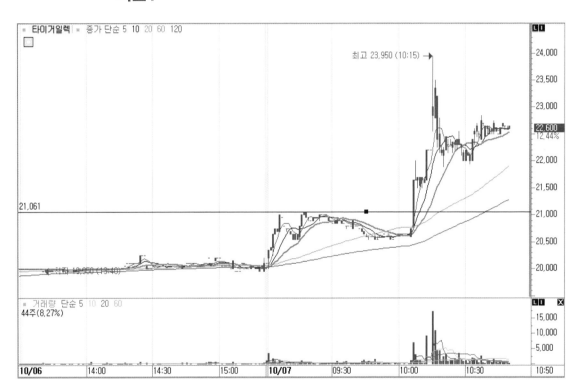

분봉입니다. 장 시작하자마자 주가가 상승했다가 조정 나온 다음 바로
급하게 상승시킵니다. 잘 모르겠다 싶으면 분봉을 보고 전고점을 공략하
면 됩니다. 이것도 앞에서 배웠죠. 실전에서 써먹을 수 있는 패턴입니다.
내 것으로 만드는 건 여러분의 몫입니다.

06 유신

차트1

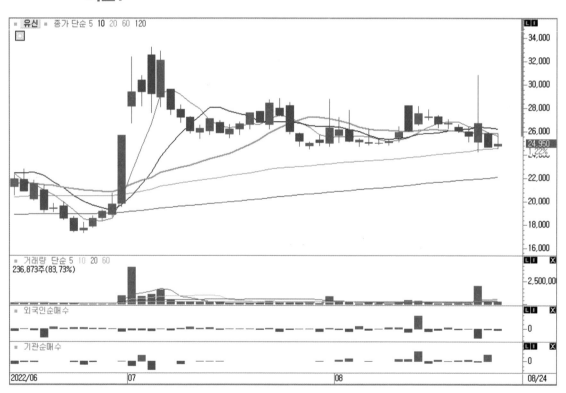

이 종목은 최근 주가 변동이 거의 없이 서서히 흘러내리고 있죠. 그런 데 앞에 상한가 나온 종목입니다. 끼 한 번 부리고 시세를 마무리한 종목 이죠. 실전에서는 이런 종목이 참 많습니다. 상한가나 장대양봉 하나 만 들고 끝나버리는 종목이죠.

일부에서는 데이트레이딩을 위험한 매매로 분류하고 하지 말라고 말 리기도 하지만, 이 종목을 보세요. 어쩔 수 없이 데이트레이딩으로 접근 해야 합니다. 장기투자나 스윙으로 접근했다가는 번 돈 도로 반납하고 보 초 설 수 있습니다.

차트2

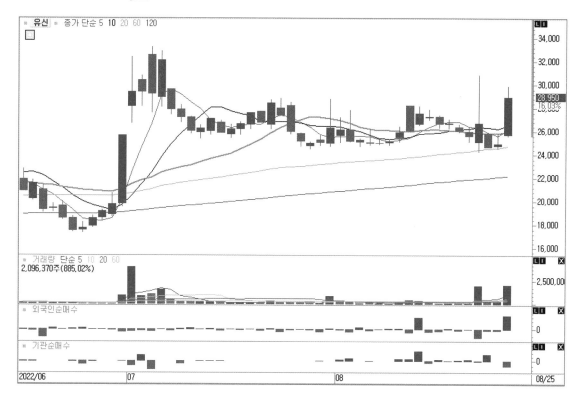

오늘 강력한 장대양봉이 나와줬습니다. 앞에 전조가 있었죠. 위꼬리가 달렸지만 장 중 장대양봉이 나와줬습니다.

오늘 장대양봉을 보니 차트가 살아나는 것이 보이죠. 앞의 위꼬리 매물도 소화해주고 있습니다. 이런 힘이라면 앞의 전고점까지는 주가가 올라갈 가능성이 매우 큽니다. 놓치지 말고 오전장에 거래가 터지면서 상승할지는 지켜봐야겠지요.

차트3

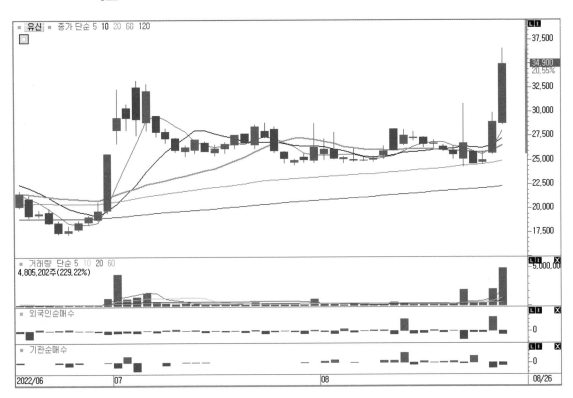

역시 전고점을 뚫고 상승해줬습니다. 일단은 전고점까지 부근까지 예상했기 때문에 분봉상 전고점 부근에서 주가가 강하게 뚫어주지 못하고 주춤한다면 거기서 매도해도 좋은 매매라 할 수 있습니다.

20% 이상 상승이 나와줬기 때문에 미리 이 종목을 준비하고 거래량이 실릴 때 매수 접근했다면 초보라도 수익을 올리고 나왔을 것입니다.

이런 종목은 자주 나옵니다. 앞으로 이런 종목을 실전에서 발굴한다면 그냥 지나치지 마시고 1주라도 사서 주가가 어떻게 움직이는지 과연 내가 어떻게 매매하는지 체크하고 몸으로 배우시기 바랍니다.

차트4

그런데 주가가 전고점을 뚫고 상승한 다음 무너지지 않고 추가 상승이 나와주고 있습니다. 그런데 차트를 보면 추세 상승이 아니라 전고점을 뚫고 상승한 다음 지지해주고 있는 모습이죠.

전고점을 뚫고 난 다음 나오는 물량을 소화해주는 것이죠. 추가 상승이 나올 가능성이 매우 크다고 볼 수 있습니다. 여기서 양봉 하나 나와주면 5일선을 타고 상승하는 종목이 되는 겁니다.

차트5

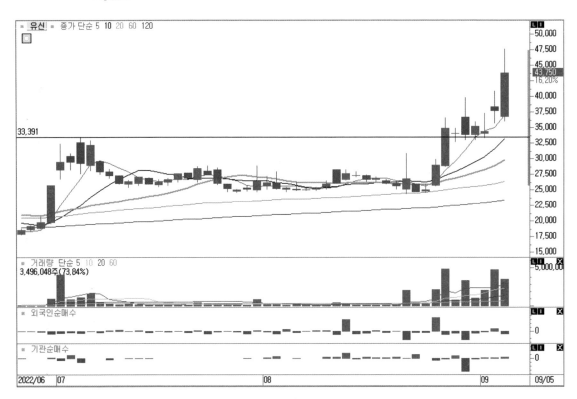

역시 장대양봉이 나와주네요. 장대양봉이 아니더라도 추세를 만드는 양봉이 나올 가능성이 컸는데 큰 시세를 주는 양봉이 나와줬습니다. 미리 대기하고 있던 종목이기에 실전에서 매매할 수 있는 종목이었겠죠.

차트6

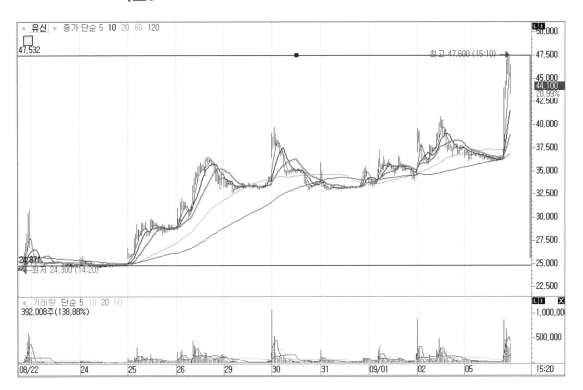

분봉입니다. 20,000원대 중반에서 출발한 주가가 40,000원 후반까지 상승합니다. 분봉을 보면 데이트레이딩하기 좋은 구간이 여러 번 열리죠.

다 접근해서 수익을 올리면 좋겠지만 그건 고수도 쉽지 않은 일입니다.

초보분들은 급등한다고 아까워하지 마시고 한 번이라도 수익을 올리는 데 집중하십시오. 한 번이 두 번이 되고, 세 번이 되는 겁니다. 수익은 그렇게 쌓아가야 합니다.

차트1

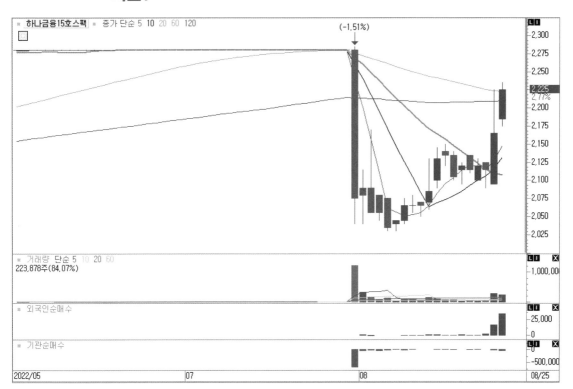

이 종목은 주가 움직임이 특이합니다. 거래 재개 후 장대음봉으로 주가가 급락합니다. 이후 추가 하락하지 않고 바닥을 만듭니다. 그리고 양봉으로 만들면서 주가가 상승합니다.

급락한 종목은 쉽게 상승하지 못합니다. 악재가 해소되지 못했거나 쏟아져 나올 매물 걱정에 세력도 쉽게 접근하지 못하는 것이죠. 그런데 이 종목은 바닥 형성 후 바로 주가를 끌어올립니다. 장대음봉을 빠른 시간에 극복할 만한 재료나 세력이 있다는 것이죠.

여러분이라면 아무 재료도 없는데 장대음봉이 나온 종목을 매수하겠습니까. 다 이유가 있습니다.

그럼에도 주가를 이 정도까지 끌어올렸다면 급락 전 가격을 전고점 삼아 돌파 시도할 가능성이 큽니다. 오늘 이 종목을 발견했다 하더라도 수익을 올릴 수 있는 구간이 있는 것이죠. 당연히 공략 대상 종목이 됩니다.

차트2

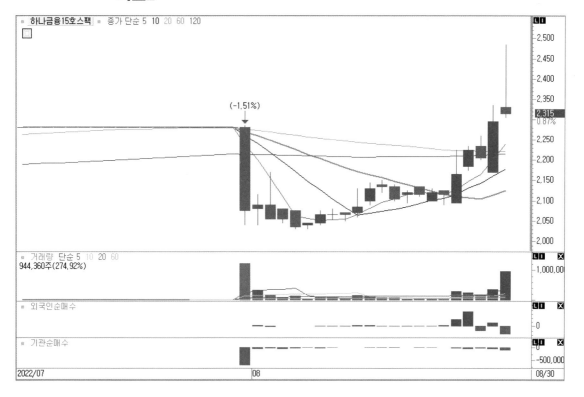

전고점까지 장대양봉으로 끌어올립니다. 노리고 있었으니 장대양봉에서 수익이 가능했겠죠.

보통은 돌파하고 밀리는데 전고점까지 주가를 끌어올린 뒤 버티고 있습니다. 더 올리겠다는 것이죠. 다시 공략 대상이 됩니다. 한 번 수익을 올렸다고 버릴 종목이 아니라는 겁니다.

역시 다시 끌어올립니다. 오늘 또 수익이 가능한 날이었습니다.

차트3

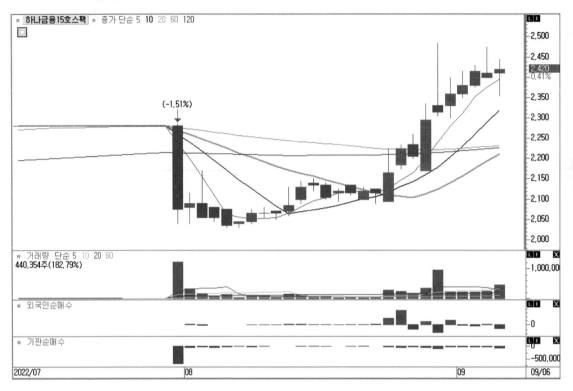

보통은 전고점 돌파 후 밀리면 거기서 상승이 끝나는 경우가 많습니다. 그런데 이 종목을 보세요. 위꼬리를 몸통이 짧은 양봉으로 매일 극복하고 있습니다. 매물을 자연스럽게 소화하고 있습니다.

왜죠? 당연히 더 올리겠다는 거죠. 이거 또 노려야겠죠. 2번 수익을 올렸는데, 또 먹을 수 있는 구간이 열릴 것처럼 보입니다. 이번에도 잊지 말고 찾아가야겠죠.

차트4

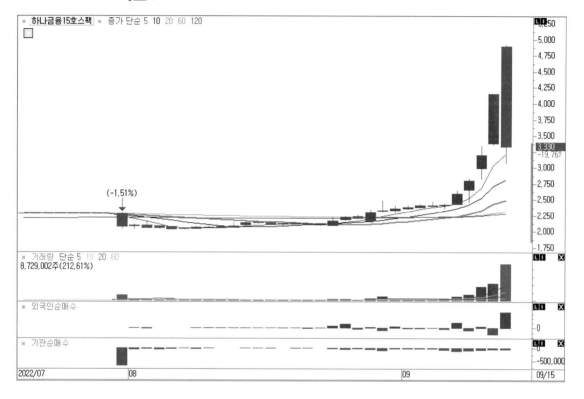

주가가 급등합니다. 급등한 다음 보니 우리가 분석하고 공략한 지점이 저가였네요. 바닥권이었습니다. 급등주를 잡은 것입니다.

급등 전에는 이 종목이 급등할 것인지 알 수 없기에 보고도 놓치는 경우가 대부분입니다.

급등 후에는 '봤는데 이걸 왜 못 잡았을까?' 하고 후회합니다.

처음 이 종목을 발굴했을 때는 이 종목이 이 정도로 급등할 줄 몰랐습니다. 전고점 돌파 가능성을 보고 매매를 한 것인데 급등을 한 것이죠.

즉, 차트패턴을 보고 분석했는데 급등을 한 것이죠. 정상적인 매매를 했는데 우연히 급등 종목을 잡게 된 것입니다. 급등 종목은 찾는다고 되는 게 아닙니다. 정상적인 매매를 하다 보면 그 종목이 급등 종목이 되기도 합니다. 중요한 것은 자신만의 원칙에 따라 매매를 하는 것입니다.

차트5

분봉입니다. 계속 매일매일 주가가 이어지면서 상승하죠. 언제든지 진입만 했다면 수익이 가능한 종목이었습니다.

수익 구간을 전부 챙기지 못해도 좋습니다. 중요한 것은 종목을 발굴할 능력입니다.

08 코리아에스이

차트1

이 종목을 길게 보면 힘이 느껴집니다. 차트 앞부분을 보면 주가가 하락하죠. 그 후 주가 흐름을 보면 반등해주는데 전고점은 돌파하지 못하고 밑에서 움직입니다.

그런데 캔들을 보면 다른 종목과 다르게 상승할 때 양봉이 많은 건 당연한 건데 하락할 때도 양봉이 많습니다. 하락할 때도 주가가 시가에 갭하락했다 하더라도 마감 때는 시가보다 주가를 올려놓았다는 것이죠.

거기에도 주가가 완만히 상승합니다. 물량을 천천히 매집하는 것처럼 보입니다. 소위 말하는 세력이 매집하는 차트라 볼 수 있습니다.

이렇게 긴 시간 매집하면 매집 물량이 많겠죠. 만약 상승한다면 대박 종목이 될 가능성이 큽니다.

그리고 최근 거래량 급증과 함께 전고점까지 돌파해버렸습니다. 추가 시세 분출이 유력한 종목입니다. 공략 대상이 되어야겠죠.

차트2

오늘 상한가에 못 미치는 장대양봉이 나와줬습니다. 그동안 주가가 완만히 상승하고 있었죠. 세력이 대량 매집한 종목이라면 물량을 정리하기 위해 주가가 장대양봉이 나올 가능성이 컸는데 오늘 나왔습니다.

발굴했다면 당연히 수익을 올렸겠죠.

차트3

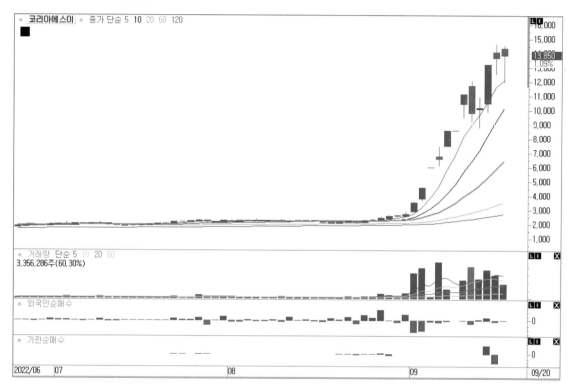

와! 이건 완전 대박입니다. 주가가 거의 13,000원 후반까지 상승합니다. 세력이 매집한 가격대가 2,000원 미만입니다. 작정하고 주가를 끌어올렸네요.

이 종목의 재료를 알고 미리 매집했다는 것이죠. 인생을 바꿀 대박 종목을 눈앞에 두고 분석하고 있었습니다. 로또 1등 부럽지 않을 뻔했습니다.

우리가 앞에서 순위를 분석했죠. 그런데 세력이 매집을 하는 것 같았

지만 알 수는 없습니다. 급등해야 급등주인 것이죠. 그전에는 알 수 없고,
세력이 매집한다고 해도 상승하지 못하는 경우도 많습니다.

중요한 것은 이런 종목을 찾고 분석할 수 있는 능력입니다.

차트4

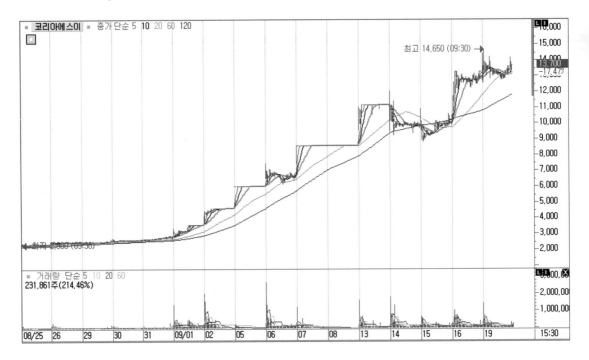

분봉입니다. 미친 듯이 상승하고 있습니다. 이런 종목 앞으로 또 나옵
니다. 여러분이 할 일은 원칙대로 쉬지 않고 종목을 발굴하는 겁니다. 그
중에 당신의 인생을 바꿀 대박 종목도 포함되어 있을 것입니다.

차트5

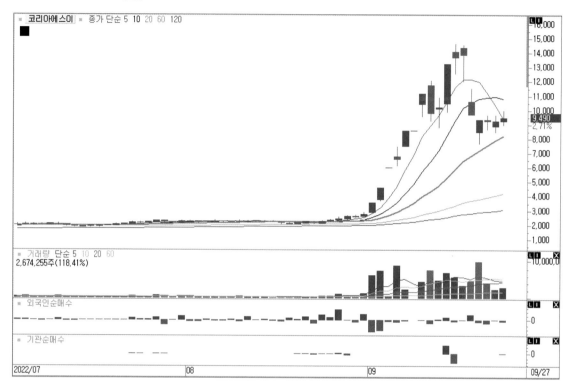

데이트레이더에게 놓치지 말아야 할 종목이 또 있습니다.

주가가 급등하면 하락하기 마련입니다. 실적으로 이어지지 않는 급등
주는 주가가 제자리로 돌아가기도 합니다.

그런데 급등한 종목의 재료가 아직 살아 있다면 조정 후 재반등이 나오
는 경우가 있습니다. 급등 종목의 눌림목이 나온다는 것을 이용한 매매를
할 수 있는 것이죠.

바닥에서 상승한 것을 보면 아직도 급등한 상태이지만 고점에서 보면 충분히 조정이 나온 구간이 있거든요. 이 종목은 주가가 조정 후 더 이상 하락하지 않고 있는데요. 연속 양봉이 나와주고 있습니다. 15,000원 부근까지 상승했다가 8,000원대까지 하락했으니 저가 매수를 노린 트레이더들이 붙기 딱 좋은 가격이죠.

차트6

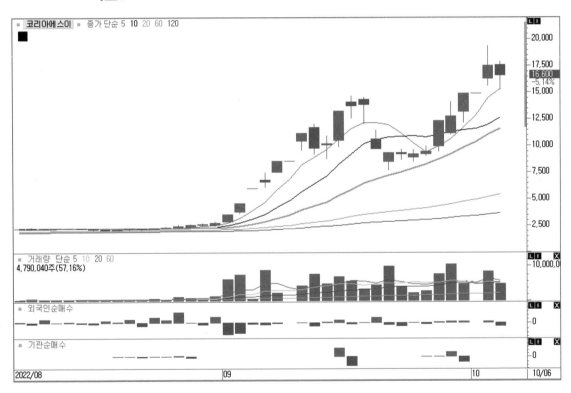

주가가 반등에 성공하고 있습니다. 전고점을 돌파하고 있습니다. 급등한 최고가를 뚫고 상승하고 있습니다. 실전에서 이해할 수 없는 상승이지만 현실에서 이런 모습이 나오고 있습니다.

이해는 할 수 없지만 트레이더로서 대응은 해야겠죠. 어차피 고가에 이 종목을 사서 장기투자를 하는 것이 아니니까요. 짧게 수익을 올리고 나오면 되는 겁니다.

차트7

분봉입니다. 기복 없이 상승하고 있습니다. 진입만 했다면 수익이 가능했을 종목입니다. 사 놓고 주가가 상승하면 조금 버텨봐도 좋았을 종목이었습니다.

눌림목 부근에서 매수해서 전고점 부근에서 매도했어도 아주 좋은 매매라 할 수 있겠습니다.

그보다 수익이 적어도 좋습니다. 일단 돈을 벌 수 있는 종목을 찾고, 얼마라도 벌 수 있는 능력을 기르는 것이 우선입니다.

코드네이처

차트1

이 종목은 1개월 정도 흐름을 보면서 데이트레이딩 구간이 어떻게 나오는지 살펴보겠습니다. 이 종목은 거래량 없이 움직이다 최근 급락한 후 바닥을 다지고 있습니다. 고점 대비 거의 반토막 난 종목이 더 이상 하락하지 않고 횡보하면 눈여겨볼 만합니다. 특히 이 종목처럼 옆으로 횡보하면 특히 지켜볼 만합니다. 하락 추세의 종목의 바닥을 찍고 돌릴 때 이런 모습은 흔하지 않거든요. 누군가 인위적으로 주가를 관리하지 않으면 이런 차트는 나오기 힘들기 때문입니다.

차트2

주가가 장대양봉으로 단숨에 급락 전 가격이 회복됩니다. 1순위는 아니지만 관심 종목에 집어넣고 관찰하고 있었다면 충분히 공략할 수 있는 종목이 있습니다.

장 중에 검색식에서 포착이 되었다 하더라도 노력한다면 차트 모습을 보고 공략이 가능한 상승이었습니다.

차트3

그런데 주가가 급락 전의 가격까지 회복은 됐는데 지지하지 못하고 밀려 내려갑니다. 하락하지만 아직 장대양봉의 몸통을 훼손하지 않았죠. 양음패턴으로 아직은 볼만합니다.

실전에서 정확한 패턴을 설명하기 어렵지만 이런 상황에서 반등이 나오는 모습을 종종 볼 수 있거든요. 주가가 제자리로 돌아가도 반등이 나오기도 해서 한 종목 한 종목 주의 깊게 볼 필요가 있습니다.

차트4

장대양봉이 나와주고 있습니다. 위꼬리는 달렸지만 오늘 다시 강한 장대양봉이 나오면서 극복해주고 있습니다.

보통은 위꼬리를 단봉의 캔들로 극복하는 경우가 많은데 이 종목은 장대양봉으로 메꿔줍니다. 그만큼 강한 종목이라는 것이죠. 6거래일 동안 3번의 장대양봉이 나왔습니다. 3번 다 공략한 트레이더도 있겠지만, 한 번만 수익을 올렸어도 성공한 매매라 할 수 있습니다.

기회가 열렸을 때 한 번이라도 성공하는 것이 중요합니다.

차트5

분봉입니다. 오전장에 급등했다가 오후장까지 밀렸는데, 다음날 장 시작과 함께 급등합니다. 오늘 장대양봉은 워낙 빨리 상승했기 때문에 놓쳤다 하더라도 초보 트레이더에게 한 번은 기회를 열어준 상승이었습니다.

차트6

하락 추세를 극복한 상승이 나왔으니 오늘도 상승하거나 고점 부근에서의 조정을 예상할 수 있었는데 시가 부근에서 시작해서 어제 양봉을 모두 덮는 음봉이 나왔습니다.

재료가 남아 있다면 이런 경우는 흔하지 않습니다. 만약에 오늘 상승을 예상하고 매매 준비를 하고 있었다 하더라도 시가부터 상승하지 않고 하락하죠. 당연히 건드리면 안 됩니다. 주가가 움직이지도 않았는데 미리 짐작으로 들어가서는 데이트레이딩이 안 되는 거죠.

만약 들어갔다 하더라도 상승 조짐은 없고 매물이 나와준다면 바로 던져야 합니다. 자주 보다 보면 호가창을 보고 느낌으로 알 수 있습니다.

아주 둔한 사람이 아니라면 다 느낄 수 있으니 조급해할 필요가 없습니다. 문제는 느낌이 오고 실제 호가가 반대로 변하고 있는데 그냥 가지고 있는 것이죠. 이러면 망하는 겁니다.

차트7

최근 주가 움직임입니다. 주가가 하락 추세에 있었는데 강한 상승으로 돌려놓고 하락하죠. 주가가 제자리로 돌아갔습니다. 왜 상승했는지 이해할 수 없는 모습인데 이런 경우가 많습니다. 재료가 약하거나 동호회 같은 조막손 세력이 붙은 경우이죠. 아까 언급했듯이 주가가 이렇게 한번해 먹은 종목은 주가가 제자리로 돌아가고 나서 다시 반등을 하는 일도

있습니다. 상승 추세가 아닌 장대양봉 하나로 끝나는 경가 대부분이지만

데이트레이딩을 할 수 있는 양봉이 나온다는 것이죠.

차트8

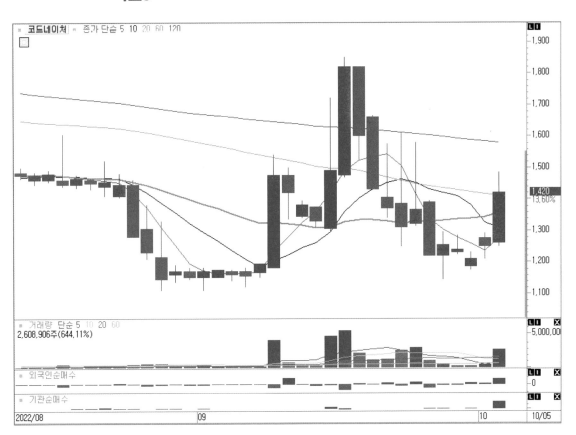

오늘 양봉이 나와줬습니다. 상승폭이 크지 않죠. 빠르게 접근하지 않으

면 수익을 올리기 힘든 상승입니다.

오늘 양봉이 약하기 때문에 전고점까지 도달할지는 의문스러운 모습입니다.

차트9

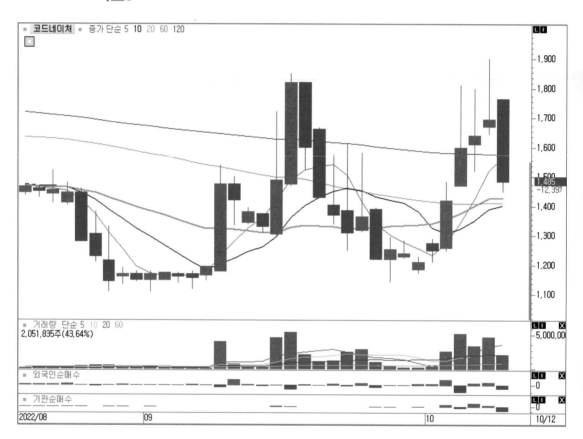

양봉이 약하다고 했는데, 그럼에도 불구하고 다음날 강한 상승이 나와 줬습니다. 위꼬리가 달리기는 했지만 강하게 상승했기 때문에 충분히 공

락할 수 있는 구간이 나와줬습니다.

다음날도 밀리기는 하지만 계속 상승 시도를 합니다. 1%라도 기회를 포착할 수 있을 때는 수익을 올리고 나오면 됩니다.

그러나 전고점 돌파 시점에도 위꼬리가 생기면서 매물이 많다는 것을 알 수 있습니다. 조심할 필요가 있는 것이죠. 더 이상 상승하지 못하고 장 대음봉으로 하락합니다. 일단 매매를 중단하고 관망하거나 다른 종목으로 옮겨가면 됩니다.

10 캐스텍코리아

차트1

이 종목은 하락 추세 종목이죠. 1,500원대까지 주가가 하락합니다. 반등 기미도 전혀 없습니다. 관심 종목에 넣을 필요도 없습니다. 아마 검색식에 잡히지도 않을 겁니다.

차트2

그런데 갑자기 상한가가 나옵니다. 어제까지는 전혀 관심이 없는 종목이었기에 오늘 상한가는 장 중 검색식에 포착될 때 매수에 가담해야 합니다. 늦었다 싶거나 잘 모르겠으면 매매를 안 하면 됩니다.

30%의 상승이지만 잡을 수 없으면 내 것이 아니죠.

차트3

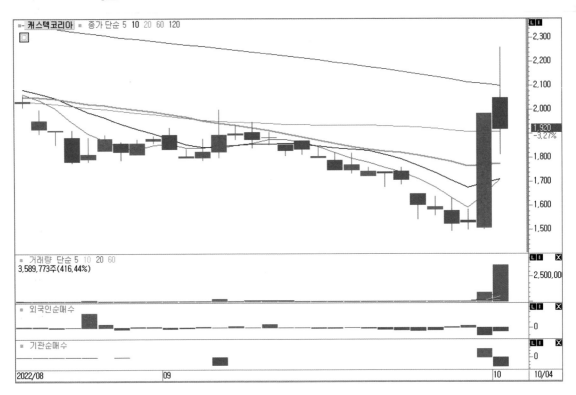

상한가 다음 갭상승 출발하여 장 중 상승했다가 하락 마감합니다. 양음 패턴이기는 하지만 거래량이 터졌죠. 별로 좋지 않습니다. 그러나 상승은 반대의 수도 생각해야 하기에 내일도 봐야 합니다.

차트4

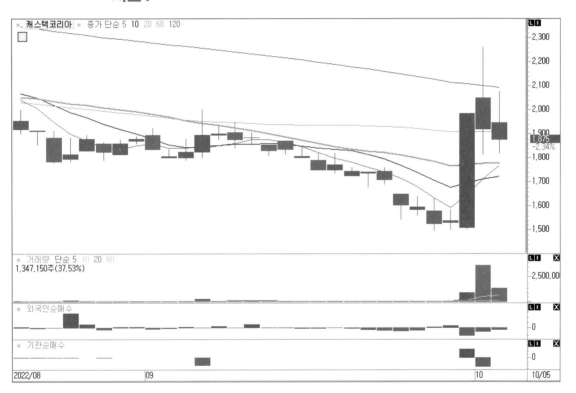

오늘 못 올라갔네요. 장 중 상승 시도는 나왔지만 매물을 극복하지 못했습니다. 아직 실망할 필요는 없죠. 양음패턴이 아직 유지되고 있는 거니까요.

차트5

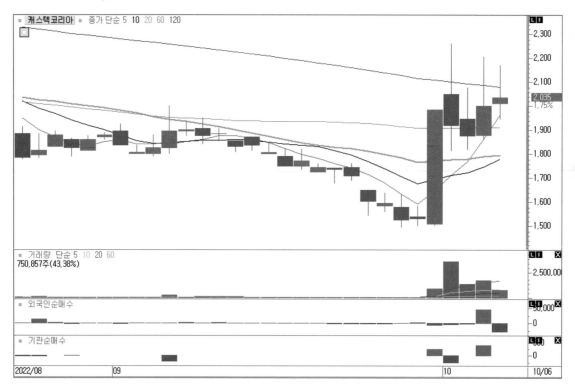

이제 상승 시도가 나옵니다. 그런데 앞의 고점을 돌파하지 못하고 밀리네요. 상승은 하지만 위꼬리가 있습니다. 장 중에 빠르게 접근하지 못하면 수익을 올리기 힘든 흐름입니다.

아무리 좋은 종목이라도 나의 매매패턴에 맞지 않으면 하지 말아야 합니다.

차트6

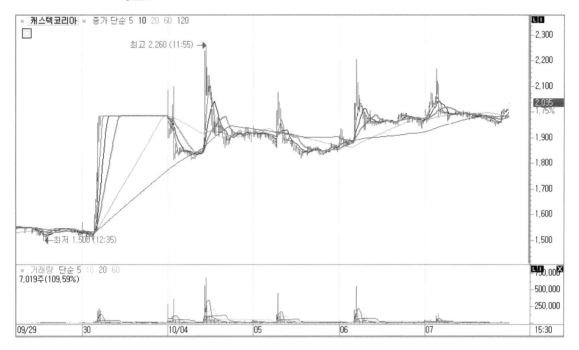

분봉입니다. 주가가 상승하는데 빠르게 치고 올라갔다가 급하게 하락합니다. 선수들 아니면 접근하기 어려운 흐름입니다.

잡을 수 있으면 잡고 아니면 포기합니다. 한 종목 놓쳤다고 아쉬워할 필요 없습니다. 종목은 넘쳐 나니까요.

1000만원으로 시작하는
데이트레이딩

📖 북오션 부동산 재테크 도서 목록 📖

부동산/재테크/창업

장인석 지음 | 17,500원
348쪽 | 152×224mm

▌롱텀 부동산 투자
▌58가지

이 책은 현재의 내 자금 규모로, 어떤 위치의 부동산을 언제 살 것인가에 대한 탁월한 분석을 펼쳐 보여 준다. 월세탈출, 전세탈출, 무주택자탈출을 꿈꾸는, 건물주가 되고 싶고, 꼬박꼬박 월세 받으며 여유로운 노후를 보내고 싶은 사람들을 위한 확실한 부동산 투자 지침서가 되기에 충분하다. 이 책은 실질금리 마이너스 시대를 사는 부동산 실수요자, 투자자 모두에게 현실적인 투자 원칙을 수립할 수 있도록 해줄 뿐 아니라 실제 구매와 투자에 있어서도 참고할 정보가 많다.

나창근 지음 | 15,000원
302쪽 | 152×224mm

▌나의 꿈,
▌꼬마빌딩 건물주 되기

'조물주 위에 건물주'라는 유행어가 있듯이 건물주는 누구나 한 번은 품어보는 달콤한 꿈이다. 자금이 없으면 건물주는 영원한 꿈일까? 저자는 현재와 미래의 부동산 흐름을 읽을 줄 아는 안목과 자기 자금력에 맞춤한 전략, 꼬마빌딩을 관리할 줄 아는 노하우만 있으면 부족한 자금을 충분히 상쇄할 수 있다고 주장한다. 또한 액수별 투자전략과 빌딩 관리 노하우 그리고 건물주가 알아야 할 부동산지식을 알기 쉽게 설명한다.

박갑현 지음 | 14,500원
264쪽 | 152×224mm

▌월급쟁이들은 경매가 답이다
1,000만 원으로 시작해서 연금처럼 월급받는 투자 노하우

경매에 처음 도전하는 직장인의 눈높이에서 부동산 경매의 모든 것을 알기 쉽게 풀어낸다. 일상생활에서 부동산에 대한 감각을 기를 수 있는 방법에서부터 경매용어와 절차를 이해하기 쉽게 설명하며 각 과정에서 꼭 알아야 할 중요사항들을 살펴본다. 경매 종목 또한 주택, 업무용 부동산, 상가로 분류하여 각 종목별 장단점, '주택임대차보호법' 등 경매와 관련되어 파악하고 있어야 할 사항들도 꼼꼼하게 짚어준다.

나창근 지음 | 17,000원
332쪽 | 152×224mm

초저금리 시대에도 꼬박꼬박 월세 나오는
수익형 부동산

현재 (주)기림이엔씨 부설 리치부동산연구소 대표이사로 재직하고 있으며 [부동산TV], [MBN], [한국경제TV], [KBS] 등 방송에서 알기 쉬운 눈높이 설명으로 호평을 받은 저자는 부동산 트렌드의 변화와 흐름을 짚어주며 수익형 부동산의 종류별 특성과 투자노하우를 소개한다. 여유자금이 부족한 투자자도 전략적으로 투자할 수 있는 혜안을 얻을 수 있을 것이다.

김중근 지음 | 19,000원
280쪽 | 141×205mm

4000만 원으로 시작하는
부동산 경매 투자

이 책은 저자의 경험을 솔직하게 다 보여주는 가장 쉬운 부동산 경매 교과서다. 부동산경매 입문부터 소액 투자로 경매에 참가해 차츰 노하우가 쌓여가는 저자의 경험을 통해 경매 이야기를 쉽게 풀어준다. 경매로 10억 이상을 벌어 평범한 직장인에서 부동산 전업 투자자이자 중개인으로 변신한 저자의 경험이 내 집 마련과 부동산경매에 관심 있는 초보 투자자들에게 많은 도움이 될 것이다.

주식/금융투자

북오션의 주식/금융 투자부문의 도서에서 독자들은 주식투자 입문부터 실전 전문투자, 암호화폐 등 최신의 투자흐름까지 폭넓게 선택할 수 있습니다.

박병창 지음 | 19,000원
360쪽 | 172×235mm

주식투자
기본도 모르고 할 뻔했다

코로나 19로 경기가 위축되는데도 불구하고 저금리 기조가 계속되자 시중에 풀린 돈이 주식시장으로 몰리고 있다. 때 아닌 활황을 맞은 주식시장에 너나없이 뛰어들고 있는데, 과연 이들은 기본은 알고 있는 것일까? '삼프로TV', '쏠쏠TV'의 박병창 트레이더는 '기본 원칙' 없이 시작하는 주식 투자는 결국 손실로 이어짐을 잘 알고 있기에 이 책을 써야만 했다.

박병창 지음 | 18,000원
288쪽 | 172×235mm

현명한 당신의
주식투자 교과서

경력 23년차 트레이더이자 한때 스패큐라는 아이디로 주식투자 교육 전문가로 불리기도 한 저자는 "기본만으로 성공할 수 없지만, 기본 없이는 절대 성공할 수 없다"고 하며, 우리가 모르는 '기본'을 설명한다. 아마도 이 책을 보고 나면 '내가 이것도 몰랐다니' 하는 감탄사가 입에서 나올지도 모른다. 저자가 말해주는 세 가지 기본만 알면 어떤 상황에서도 주식투자를 할 수 있다.

최기운 지음 | 18,000원
424쪽 | 172×245mm

10만원으로 시작하는
주식투자

4차산업혁명 시대를 선도하는 기업의 주식은 어떤 것들이 있을까? 이제 이 책을 통해 초보투자자들은 기본적이고 다양한 기술적 분석을 익히고 그것을 바탕으로 향후 성장 유망한 기업에 투자할 수 있는 밝은 눈을 가진 성공한 가치투자자가 될 수 있다. 조금 더 지름길로 가고 싶다면 저자가 친절하게 가이드 해준 몇몇 기업을 눈여겨보아도 좋다.

곽호열 지음 | 19,000원
244쪽 | 188×254mm

초보자를 실전 고수로 만드는
주가차트 완전정복

이 책은 주식 전문 블로그 〈달공이의 주식투자 노하우〉의 운영자 곽호열이 예리한 분석력과 세심한 코치로 입문하는 사람은 물론 중급자들이 놓치기 쉬운 기술적 분석을 다양하게 선보인다. 상승이 예상되는 관심 종목 분석과 차트를 통한 매수매도타이밍 포착, 수익과 손실에 따른 리스크 관리 및 대응방법 등 주식시장에서 이기는 노하우와 차트기술에 대해 안내한다.

근투생 김민후(김달호) 지음
16,000원 | 224쪽
172×235mm

삼성전자 주식을 알면
주식 투자의 길이 보인다

인기 유튜브 '근투생'의 주린이를 위한 투자 노하우. 국내 최초로 삼성전자 주식을 입체분석한 책이다. 삼성전자 주식은 이른바 '국민주식'이 되었다. 매년 꾸준히 놀라운 이익을 내고 있으며, 변화가 적고 꾸준히 상승할 것이라는 예상이 있기에, 이 책에서는 삼성전자 주식을 모델로 초보 투자자가 알아야 할 거의 모든 것을 설명한다.

유지윤 지음 | 25,000원
312쪽 | 172×235mm

하루 만에 수익 내는 데이트레이딩 3대 타법

주식 투자를 한다고 하면 다들 장기 투자나 가치 투자를 말하지만, 장기 투자와 다르게 단기 투자, 그중 데이트레이딩은 개인도 충분히 가능하다. 물론 쉽지는 않다. 꾸준한 노력과 연습이 있어야 한다. 하지만 가능하다는 것이 중요하고, 매일 수익을 낼 수 있다는 것이 중요하다. 그 방법을 이 책이 알려준다.

유지윤 지음 | 18,000원
264쪽 | 172×235mm

누구나 주식투자로 3개월에 1000만원 벌 수 있다

주식시장에서 은근슬쩍 돈을 버는 사람들이 있다. '3개월에 1000만 원' 정도를 목표로 정하고, 자신만의 투자법을 착실히 지키는 사람들이다. 3개월에 1000만 원이면 웬만한 사람들 월급이다. 대박을 노리지 않고, 딱 3개월에 1000만 원만 목표로 삼고, 그것에 맞는 투자 원칙만 지키면 가능하다. 이렇게 1000만 원을 벌고 나서 다음 단계로 점프해도 늦지 않는다.

터틀캠프 지음 | 25,000원
332쪽 | 172×235mm

캔들차트 매매법

초보자를 위한 기계적 분석과 함께 응용까지 배울 수 있도록 자세하게 캔들 중심으로 차트의 원리를 설명한다. 피상적인 차트 분석이 아니라 기계적으로 차트를 발굴해서 실전에서 활용하는 데 초점을 맞춘 가이드북이다. 열심히 공부하고 노력하여 자신만의 매매법을 확립해, 돈을 잃는 투자자에서 수익을 내는 투자자로 거듭날 계기가 될 것이다.

유지윤 지음 | 25,000원
240쪽 | 172×235mm

1000만 원으로 시작하는 데이트레이딩

적극적이고 다혈질인 한국인에게 딱 맞는 주식투자법, 바로 데이트레이딩이다. 초보자에게 상승장, 하락장뿐만 아니라 횡보장에서도 성공적인 데이트레이딩 전략을 제시한다. 매매 노하우와 스킬을 향상시켜 일상적인 수익 창출을 이끌어줄 것이다. 개인투자자로서의 마음가짐부터 안전하게 시작할 수 있는 꿀팁을 제공한다. 차트를 보면 돈 벌어줄 종목이 보인다!